상대를
내 편으로 만드는
대화기술

Conversation Tactics: Strategies to Charm, Befriend, and Defend
by Patrick King
Copyright ⓒ 2016 by Patrick King, USA.
All rights reserved.
Original English edition published by Create Space Independent Publishing Platform, USA.
Korean translation rights arranged with Patrick King, USA and Milagro, Korea through PLS Agency, Korea.
Korean edition right ⓒ 2017 by Milagro, Korea.

이 책의 한국어판 저작권은 PLS를 통한
저작권자와의 독점 계약으로 밀라그로에 있습니다.
신저작권법에 의하여 한국어판의 저작권 보호를 받는 서적이므로
무단 전제와 복제를 금합니다

Conversation Tactics

상대를 내 편으로 만드는
대화 기술

패트릭 킹 지음 | 이미정 옮김

밀라그로

contents

머리말 ‖ 6

제1장. 칭찬을 세련되게 받는 방법 ‖ 13
제2장. 대화의 정점을 이용하라 ‖ 23
제3장. 대화에 자연스럽게 끼어드는 방법 ‖ 33
제4장. 듣는 사람의 언어로 말하기 ‖ 43
제5장. 서로 존중하는 방법 ‖ 53
제6장. 2초의 법칙을 지켜라 ‖ 61
제7장. 대화를 열어가는 가장 좋은 방법 ‖ 69
제8장. 대화의 시작과 끝에 집중하기 ‖ 79
제9장. 비꼬는 말에 유연하게 대처하는 방법 ‖ 87
제10장. 상대의 개성을 칭찬하기 ‖ 97

제11장. 일상을 살짝 비틀어 만드는 유머 ‖ 107

제12장. 상대의 말에 2배 더 경청하기 ‖ 113

제13장. 절대 먼저 웃지 않기 ‖ 121

제14장. 주제를 벗어난 인신공격 삼가하기 ‖ 129

제15장. 논쟁 전략 ① : 완벽함에 호소하라 ‖ 141

제16장. 논쟁 전략 ② : 의심의 씨앗을 뿌려라 ‖ 147

제17장. 논쟁 전략 ③ : 질문을 명확하게 하라 ‖ 153

제18장. 논쟁 전략 ④ : 허수아비 논법을 깨뜨려라 ‖ 159

결론 ‖ 165
요약 ‖ 168

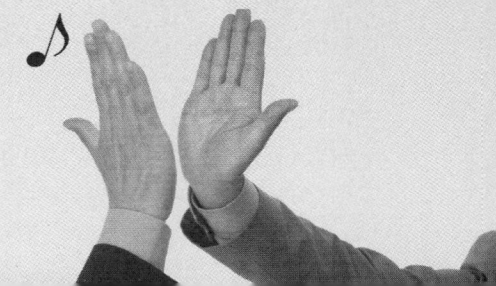

머리말

공화당에겐 민주당이 있고 흡혈귀에겐 태양이 있다.
고양이에겐 천지만물이 있고 나에겐 천적이 있다.

사람들은 살다 보면 아무렇지도 않게 버튼을 눌러 당신의 기분을 망쳐놓고는 할 것이다.
어떤 사람은 야구를 좋아하고 또 어떤 사람은 축구를 싫어한다.
어떤 사람들에게 있어 당신은 그저 축구일지 모른다.
이는 인생을 살다 보면 누구나 겪게 되는 일이며, 당신이 특별히 더 나빠서 겪게 되는 일이 아니다.

이야기가 옆길로 샌 것 같은데 다시 주제로 돌아가 보겠다.
어린 시절 나의 천적은 카일이었다.

내 입장에서 볼 때 그는 구제불능의 골칫거리였다.
내가 무슨 말을 하든 카일은 화가 나는 것 같았고, 내가 의견을 내면 항상 큰 소리로 반대했다.
그는 내가 무언가 잘못하기라도 하면, 자신의 말에 귀 기울이는 모든 사람들에게 떠벌리고 다녔고, 내가 잘못한 것에 대해 장광설을 늘어놓으며 설교하고는 했다.

불행히도 나는 끊임없이 그런 관계를 강요받으면서도 같은 친구 무리에 머물러 있어야 했다.
카일은 내가 숨을 쉬고 존재하는 것만으로도 화가 났기에, 우리는 오래된 부부처럼 매번 다퉈야 했다.

우리가 크게 다툰 사건 중 하나는 카누를 마치고 난 후, 무엇을 먹을지를 정할 때였다.
우리는 평상시와 마찬가지로 충돌했다.
그는 내가 대처하기 어려운 교활한 방법으로 나를 공격하기 시작했다.

말할 필요도 없이 나는 쩔쩔매다 그 논쟁에서 패했고 그가 고른 식당으로 가게 되었다.

나는 지금도 그가 악의를 갖고 그런 행동을 했다고 생각하지는 않는다.
하지만 그 당시에는 그가 미웠고 그를 이겨낼 방법도 없었다.

세월이 흘러, 그를 다루는 방법을 알게 되었고 나는 결국 그를 친구로 만들 수 있었다.
이 책의 제목을 보고 예상했겠지만 '자신의 매력을 어필하고, 상대를 친구로 만들고, 자신을 방어하는' 3단계 과정 덕분이었다.

첫 번째 단계는 나만의 매력을 어필함으로써, 나를 받아들이게 하는 방법을 배우는 것이었다.
그의 언어로 이야기하고, 그의 관점을 이해하려 하고, 내가 존중하고 있음을 느낄 수 있도록 구체적으로 보여주는 것이다.
이 정도쯤은 당신도 하고 있다고 생각할지 모르겠지만, 조금 더 깨달음과 노력이 필요하다.

다음 단계는 그와 친한 친구가 되는 것이었다.

내가 그의 사람이 될 수 있다면, 그가 나에게 하는 비난들은 더 이상 나를 향한 것이 아닐 것이다.

오히려 그가 내 편에 서서 나를 위해 해주는 비판이었기에 가치 있는 일이었다.

내가 그를 인정하고 있고, 자신의 말을 무시하지 않는다는 사실을 유쾌하게 느낄 수 있다면, 그와 더 깊은 우정을 나누게 될 것이다.

마지막으로, 근거 없이 해대는 비난으로부터 나 자신을 지키는 방법을 알게 되었다.

그 후 사람들은 더 이상 나의 말을 무시하지 않게 되었고, 나를 이용하지 않았고, 나를 존중하게 되었다.

이것이 바로 적진에서 이기는 방법이었다.

치명적인 상대를 가까운 친구로 만드는 방법을 알게 된 것이다.

이 원칙은 매력을 어필하여 친구가 되고 자신을 방어하고자 하는 사람들은 모두 활용할 수 있다.

이 방법을 통해 나는 지인을 협력자로 만들고, 좋은 친구를 가장 친한 친구로 만들 수 있었다.

이 책에는 사람들과의 대화를 통해 자신을 융통성 있고, 사랑받는 사람으로 거듭나게 해줄 전략과 방법들이 들어 있다.

가장 중요한 전략은 자신을 효과적으로 방어하면서 자신의 주장을 펼치는 것이다.

사람들은 매일 기이한 주장들을 한다.

만약 당신이 상대방의 주장에서 허점을 알아차리고, 이를 무력화할 수 있다면 그들은 당신을 기억하고 존중할 것이다.

만약 당신이 다른 사람에게 항상 당하고 있다는 생각을 하고 있다면, 이 책은 새로운 출발점이 되어줄 것이다.

이 책의 '대화의 전략'은 당신을 잠깐 동안 웃게 만들어주는 속임수가 아니다.

대화의 전략은 드라마의 배경음악과도 같다.

눈에 띄지 않아도 드라마의 한 장면이 순조롭게 진행되는 데에는 반드시 배경음악이 필요하다.

만약 음악이 없다면 뭔가 부자연스러울 것이며 이로 인해 대화는 단절될 것이다.

당신이 대수롭지 않게 여기는 모든 것들이, 당신을 다른 사람에게 각인시키는 데 기여한다는 사실을 반드시 기억해야 한다.

그렇게 해서 자신의 매력을 마음껏 어필하고 친구를 만들고 자신을 방어하는 방법을 배워가도록 하자.

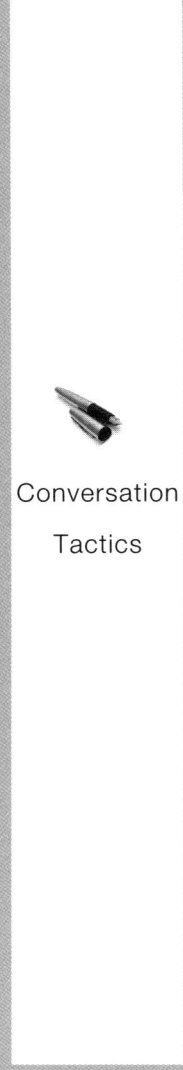

Conversation

Tactics

제1장

칭찬을 세련되게 받는 방법

우리가 일상에서 칭찬을 자주 하는 이유는 무엇일까?

칭찬은 사람의 기분을 좋게 하고, 편안하고 즐거운 분위기를 만들어낸다.

당신이 누군가의 헤어스타일을 칭찬한다면, 그 사람은 자신감을 얻게 되고, 자기 자신의 결정에 만족하게 되어 당신을 기억할 것이다.
그런 만족감은 대화에서 드러날 것이고, 당신에 대한 인상에 좋은 영향을 미칠 것이다.
이런 측면에서 보면 칭찬은 다소 이기적인 마음에서 출발한다고 할 수 있겠다.

그러나 막상 칭찬을 자연스럽게 받아들인다는 것은 생각보다 쉽지 않다.

당신이 최근에 주거나 혹은 받았던 칭찬을 떠올려보아라. 칭찬 후에 상황은 어떠했는가?

대부분의 사람들은 직접적인 칭찬을 자연스럽게 받아들이

는 방법을 잘 모르며, 때로는 칭찬을 받으면 불편해하기도 한다.

현대인들에겐 은밀하고 소극적인 측면이 많아 이런 사실이 그다지 놀라운 일도 아니다.

에둘러 하는 표현을 선호하고 직설적인 표현은 삼가려고 하는 이 시대에, 직접적으로 칭찬을 받게 되면 당황스러운 것은 어쩌면 너무나 당연한 일일지도 모른다.

칭찬에 대해 대부분의 사람들은 아래에 열거한 것 중 한 가지의 반응을 보인다.

겸손한 척한다.
"내 근육운동? 시작한 지 얼마 안 됐는데 벌써 효과가 있나 봐."

어색한 머뭇거림을 보인다.
"내 이두박근? 어…… 고마워……. 진짜 그런가?"

강력하게 부인한다.
"무슨 소리야? 난 살도 쪘고 못생긴데다 몸매도 엉망인 걸."

자신감 없던 과거에 대해 언급한다.
"내가 몸이 좋다고? 글쎄 난 모르겠는데. 예전부터 뚱뚱해서 한 번도 그렇게 생각해 본 적이 없어."

직접적인 고마움을 드러낸다.
"고마워! 근데 오늘 날씨가 좋지 않니?"

위의 각각의 반응들은 모두 부정적인 측면에서 비롯된 것들이다. 오직 직접적인 감사 인사만이 대화의 단절을 야기하지 않으며, 대화 당사자들에게 불편을 느끼지 않게 한다.

위에 나온 반응들이 당신이 생각하는 전부였다면, 당신은 아마도 사람들이 칭찬을 어색해 한다는 사실에 놀랐을 것이다.
칭찬에 대한 서투른 반응으로 인해 대화가 어색해지고 당사자들은 그 자리를 빨리 뜨고 싶어지게 된다.

이렇게 되는 이유에는 여러 가지가 있지만, 혹자는 자신이 칭찬을 받았다는 사실조차 인식하지 못하는 경우가 있다.

비꼬는 것인가? 내가 신경 쓰는 게 보였나?

내가 관심 없다는 걸 알고 언급한 것일까?

이는 냉소적인 사회 분위기 탓이며 에둘러 말하는 사람들의 습관 때문이다.

그리고 이런 어색한 순간은 종종 발생한다.

사람들이 대화를 나누는 이유는 정보를 주고받거나, 감정을 표현하거나, 즐거워지기 위해서이다.

칭찬을 받아들이는 능력의 부재는 대화의 이 세 가지 목적을 모두 달성하지 못하게 방해한다.

그렇다면 어떻게 해야 칭찬을 세련되게 받아들일 수 있는 것일까?

칭찬을 칭찬하라

먼저 누군가 당신을 칭찬한다면 그 칭찬을 믿어야 한다.

그들의 칭찬이 냉소적으로 당신을 깎아내리거나 비꼬는 것이 아니라 진심이라는 걸 믿으라는 얘기다.

칭찬의 진심을 의심하지 말아야 한다. 불필요한 분석은 집에서 하면 된다. 그렇지 않으면, 당신은 다른 사람의 칭찬을 순수하게 진심으로 받아들이지 못하게 될 것이다.

의심하는 비뚤어진 눈으로 당신에게 다가오는 모든 긍정적인 칭찬을 받아들이지 못한다면, 당신이 깨닫지 못하는 사이에 겉모습에 부정적인 마음이 드러날 것이다.

달리 말하면, 당신은 부정적인 사람이 되거나 다른 사람을 실망시키는 사람이 될 것이며, 그런 종류의 사람들과 어울리게 될 것이다.

당신에게 향하는 긍정적인 칭찬을 인정하게 되었다면 어떻게 하면 우아하게 칭찬을 받을지에 대해 생각할 차례이다.

칭찬을 어떻게 우아하게 받아들일 것인가?

칭찬에 찬사를 보내자.

> 제인 : "패트릭, 머리 스타일이 바뀌니까 베네통 모델 같아……."

> 패트릭 : "고마워, 넌 사람을 참 기분 좋게 하는 재주가 있어."
>
> 캐리 : "패트릭, 놀라운 총 솜씬데."
> 패트릭 : "캐리, 넌 진짜 유쾌한 사람이야 너를 위해 겨냥했어."
>
> 데이비드 : "패트릭, 멋진 신발이다."
> 패트릭 : "데이비드, 넌 예리하구나."
>
> 빅토리아 : "패트릭, 아도니스 같은 몸매인 걸."
> 패트릭 : "빅토리아, 최고의 칭찬이네."

칭찬을 칭찬하는 것은 초점을 당신에게서 칭찬 자체로 돌리는 효과, 그 이상의 긍정적인 면을 가져온다.

당신이 칭찬을 당연하게 여긴다고 부정적으로 생각하는 사람들의 비난에서도 꿋꿋할 수 있다.

만약 내가 내 헤어스타일이 진짜 나를 제임스딘처럼 잘생

기게 만들어준다고 생각한다면 건방져 보이지 않을까?

내가 그걸 부정한다면 칭찬을 한 사람이 무안할 것이고, 나는 관심을 받고 싶어 안달난 사람처럼 보일 것이다.

대화를 지연시키고 단절시키는 이런 위험 요인들은 반드시 피해야 한다.

칭찬하는 행위 자체를 칭찬함으로써 당신은 당신에게 향한 관심을 다른 곳으로 완벽하게 돌릴 수 있다.

칭찬의 영향은 여전하여 칭찬을 한 사람은 인정받았다고 느끼지만, 당신이 그 불편한 대화를 지속할 필요는 없게 되는 것이다.

이는 또한 대화에 긍정적인 효과를 가져 오기도 한다.

애매함과 어색함 대신에 긍정의 분위기를 만들게 되고, 긍정적인 분위기에서 대화를 할 수 있는 발판이 된다.

이는 지나친 관심을 쉽고 효과적으로 다루는 방법이다.

칭찬한 사람에게 다시 공을 넘김으로써 관심을 분산시키고 대화를 계속 이어나갈 수 있게 된다.

다시 말해 스포트라이트를 나누어 단순한 칭찬을 양쪽 모두에게 유리한 상황으로 바꿔놓는 것이다.

칭찬과 긍정에 익숙해져라

앞에서 언급했듯이 부정적인 생각이 당신의 하루를 망치는 일은 허다하다.
종종 눈덩이처럼 불어나 파국으로 치닫게 되는 경우가 발생한다.

칭찬을 칭찬해야 하는 또 다른 중요한 이유가 여기에 있다.
당신은 어떤 상황에서도 긍정적으로 생각하도록 훈련이 될 것이고 이는 당신의 마음자세에도 영향을 미칠 것이다.
어떤 연구에 따르면 미소를 지으며 행복을 표현하고, 긍정적인 행동을 하는 것만으로도 실제로 기분을 바꿀 수 있다고 한다.

칭찬과 긍정에 익숙해지면 인생을 바라보는 관점이 얼마나 변할지 상상해 보아라.

내가 일일이 열거하지 않아도 당신이 하는 모든 활동에 영향을 미칠 것이 분명하다.

칭찬과 긍정을 편하게 당신 인생의 일부로 받아들여야 한다.
과거의 습관에서 벗어나 삶에서 기쁨을 찾도록 하자.
그리고 칭찬을 있는 그대로 그냥 받아들이도록 하자.

누군가가 특이한 방식으로 칭찬을 한다고 해서 그 안에서 부정적인 뉘앙스를 찾을 필요는 없다.
긍정과 칭찬을 받아들이고 상황을 지배해야 한다. 당신은 충분히 그럴 능력이 있다.

칭찬은 좋은 것을 의미하니 그 칭찬을 다시 칭찬하여 좋은 것을 나누고 당신의 삶에서 긍정의 힘을 받아들여야 한다.

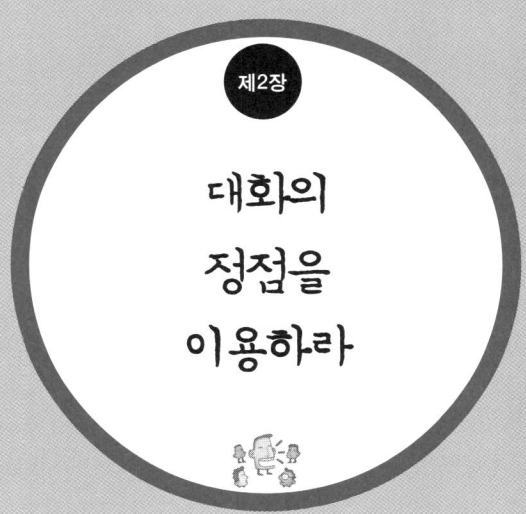

제2장

대화의
정점을
이용하라

모든 대화에는 정점이 있다.

몇 개의 지루한 포인트가 있지만 항상 최고로 흥미로운 지점이 있기 마련이다.

스탠드업 코미디를 생각해 보자.

혼자 무대에 서 있는 코미디언은 자신이 알고 있는 가장 재미있는 농담으로 시작해서 두 번째로 재미있는 농담으로 끝을 맺는다.

관객들은 이런 농담에 폭소한다. 이 농담들이 바로 대화의 정점이다.

대화의 정점은 듣는 이의 감정에 미치는 영향에 따라 정해진다.

현실에 대해 이해하고 감정을 나누게 되면 그 지점이 바로 대화의 정점이며 기억에 남게 된다.

대화는 자연스럽게 움직인다.

대화에 들어가는 에너지는 고정되어 있지 않다. 대화의 에너지는 음파와 같이 최저점이 있기 마련이다.

상당수의 사람들이 이점을 알지 못해 대화를 효과적으로

이끌지 못한다.

사람들과 어떻게 대화를 나눠야 하는지를 알지 못하는 것이 아니라 대화에는 최고점과 최저점이 존재한다는 사실을 놓치는 것일 뿐이다.

대화의 최고점과 최저점이 존재한다는 사실을 알지 못할 때 에너지가 떨어지게 되면 혼란스러워 하고 어떻게 해야 할지 몰라 당황하게 된다.

결국 대화는 평이해지고 대화의 상대는 서로 흥미를 잃게 된다.

만약 대화의 기술에 정통하고 싶다면 대화의 이런 역동성을 활용하여, 대화에서 가장 흥미로운 정점을 만들고, 이를 이용해서 다시 대화를 흥미롭게 이끌 수 있어야 한다.

대화의 정점을 식별하라

첫 번째 단계는 당연하겠지만 대화의 정점을 알아내는 것이다.

대화가 끝나지 않았는데 대화의 정점을 어떻게 알 수 있는가?

이런 질문은 옳지 않다.
당신이 해야 할 질문은 당신의 감정을 강렬하게 이끌어내는 것이 무엇인가 하는 점이다.
강렬한 감정을 느끼게 하는 것이라면 바로 그것이 정점이다.

대화의 최고점은 여러 형태로 나타난다.

함께 박장대소를 할 수도 있고 매우 감정적이 되어 함께 울 수도 있다.
어떤 쟁점에 대해 사람들과 다르게 서로 강렬한 감정을 공유할 수 있다.
함께 공포감을 느끼거나 우스운 것을 느끼게 될 수도 있다. 때로는 서로의 문장을 대신 끝내 주기도 한다.
상대만 알아들을 수 있는 농담을 할 수도 있고, 어떤 장면을 함께 보고 동시에 웃음을 참기도 한다.

이런 상태가 만들어지면, 어떤 형태이던 간에 둘 사이에 강한 정신적 유대감이 형성된다.

대화의 정점을 다시 불러와야 한다

대화의 정점을 식별하였으면 이를 그냥 방치하지 말아야 한다.

기록을 남기고 가까운 미래에 사용할 수 있도록 넣어두어야 한다.
지독한 냄새 때문에 버리기조차 두려워진 한 달이 지난 우유처럼 내버려두면 안 된다.

다시 불러내야 한다.
다시 불러낸다는 것은 어떤 의미일까?
간단하다.
이는 또한 모든 코미디언들이 쓰는 전략이다.
당신은 그냥 이 전략을 당신이 하는 대화의 맥락에 집어넣기만 하면 된다.

예를 들어 조금 전 당신이 좋아하는 강아지의 종류에 대한 대화를 나누었다 가정하자.

그 대화에는 당신 자신을 닥스훈트(독일이 원산지인 개)에 비유하는 웃기는 순간이 있었다.

이제 당신이 현재 하고 있는 대화는 다른 종류의 재킷과 스타일에 관한 것이다.

아까 했던 닥스훈트에 관한 비유를 어떻게 재킷에 관한 대화로 연결시켜 불러올 것인가?

"불행히도 나는 그런 종류의 재킷을 입지 않아서, 아까 말했듯이 닥스훈트 같은 거야."

이전 대화의 재미있는 부분을 활용하여 두 대화를 연결시키면 되는 것이다.

그러면 어떤 점에서 당신에게 유리한가?
이후의 대화에서 이전 대화의 정점을 이용하면 당신이 주의 깊게 듣고 있었다는 사실을 증명할 수 있게 된다.

당신은 주의 깊고 관찰력이 좋고 더욱이 영리하기까지 한 사람으로 기억될 것이다.

당신은 이전에 공고히 다져둔 감정을 지금의 지루한 대화로 빌려오는 것이다.
그리고 이전에 만들어둔 에너지를 흥미롭게 매력적인 방식으로 다시 이끌어내는 것이다.

대화의 가장 흥미로운 부분에 대해 이야기를 나눌 때 서로에게 끈끈한 정을 느끼게 된다.
당신이 이를 다시 언급하면 두 사람 사이의 끈은 더욱 공고해진다.

또 다른 예를 하나 들어보겠다.

이전 대화의 정점 : 부족한 아파트 주차장에 대해 증오의 감정을 나눔.

현재의 대화 주제 : 날씨.

불러올 점 : 아파트 단지 안에 주차할 곳이 없을 땐, 차라리 비가 오는 게 낫지.

헹궈내고 반복하라

오케스트라의 지휘자가 똑같은 클라이맥스를 다르게 조정하고 다른 방식으로 이끌듯이, 당신도 대화의 정점을 불러낼 때 다양한 방식으로 해야 한다.

대화의 불꽃이 사그라지지 않도록 해야 한다는 것을 기억해야 한다. 이것이 당신의 목표이다.

대화의 정점을 다른 방식으로 지속적으로 이끌어갈 때 당신과 대화를 나누는 상대의 감정을 다시 일깨울 수 있다.

이를 통해 대화의 활력수준을 비교적 높게 유지할 수 있다.

이는 당신의 대화를 흥미롭게 이끌어가는 효과적인 방법이다.

그러면 대화 상대는 대화 내용에 흥미를 잃지 않게 될 것이며, 당신을 영리하고 재미있고 지적인 대화 상대라고 느끼게 될 것이다.

상대방에게 당신은 아주 좋은 인상을 남기게 될 것이다.

다른 사적인 관계나 대화에서와 마찬가지로 너무 뻔해 보여서는 안 된다.

진정으로 훌륭한 대화 상대가 되기 위해서는 밀고 당기는 대화의 패턴이 당신 자신에게도 효과가 있어야 한다.

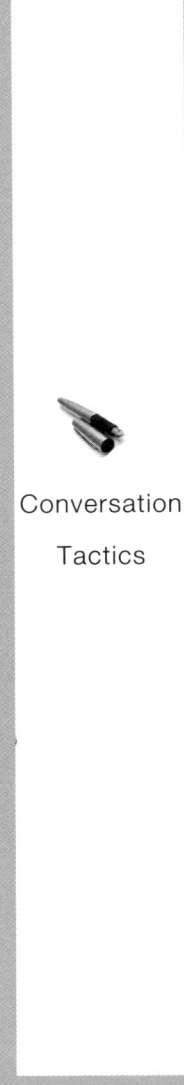

Conversation

Tactics

제3장

대화에
자연스럽게
끼어드는 방법

대부분의 책과 대화에 관한 조언들에서는 다른 사람의 말에 절대로 끼어들면 안 된다고 강조한다.

대화에 끼어드는 것은 무례하다고 하며 다른 이에게 잘못된 인식을 준다고 말한다.
끼어드는 행위는 이기적이며, 다른 사람이 지나칠 정도로 자기 이야기를 하도록 내버려두라는 대화의 황금법칙에 반하는 것이라 말한다.

물론 그 말에도 일리는 있다.

만약 당신이 계속적으로 끼어들기를 하고 다른 사람이 말하는 것을 방해한다면, 상대방은 결국 당신을 자기중심적이며 이기적이라며 미워할 것이다.
솔직히 지속적으로 대화에 끼어든다면, 그 사람은 아마도 자기중심적이며 이기적인 사람일 것이다.
또한 당신은 계속적으로 자신에게만 집중하는 스타일이어서, 자신이 원하는 만큼 다른 사람과 관계를 맺지 못하고 있을 것이다.

다만 대화에 끼어들기가 악이라는 확고한 법칙은 잘못된 것이다. 그러나 이 조언을 오해해서는 안 된다.

대화에서 기술적으로 끼어드는 전략은 조심스럽게 다뤄져야 할 주제이다.

누군가와 대화를 나눌 때 여러 단계의 대화가 동시에 일어나게 된다. 만약 지속적으로 신경에 거슬리게 대화에 방해를 받는다면 사람들은 의식적으로는 괜찮다고 느껴도 무의식적으로는 부정적인 생각을 하게 된다.

누군가의 감정을 상하게 만들 수 있으므로 이점을 항상 명심해야 한다.

그렇다면 어떻게 하면 기술적으로 대화에 끼어들면서도 상대방이 부정적인 생각을 갖지 않도록 할 것인가?

동조를 위해 대화에 끼어들어라

이번 장의 제목처럼 동조를 위해서만 끼어들어야 한다.

상대방의 대화에 너무 흥분되어 참을 수 없어서 끼어드는 것처럼 해야 한다.

즉 상대방이 말할 것 같은 문장을 대신 끝내주는 것이다.
이는 상대방과 감정적으로 동조하고 있다는 걸 보여주기 위해 끼어드는 것이다.

예를 들어보겠다.

"내가 그리스에 갔을 때 너무 좋아서", (끼어들기) "말도 안 돼!! 너무 좋았겠다. 내가 제일 좋아하는 나라가 그리스잖아."

"그래서 내가 결국 거기에 막 주차를 하려고 하는데 주차요원이……." (끼어들기) "짜증나게 표지판 무시하고 주차딱지 끊었지? 완전 최악이었겠다."

"그 영화는 진짜 끝내줬어. 완전 흥분했거든. 그 장면에서……." (끼어들기) "마지막 그 장면 말이지? 완전 충격이었잖아. 끝내주는 반전이었어."

"믿을 수가 없었어. 나 완전……." (끼어들기) "짜증났지? 나도 그 책 완전 짜증났잖아."

위의 예들에서 눈치 챈 것이 있는가?
모두 상대의 대화 내용에 대해 감정적으로 흥분하고 있음을 보여준다.
당신도 그들만큼 흥분해서 상대방의 대화가 끝나기를 기다릴 수 없는 것이다.

따라서 당신은 목적을 갖고 끼어든 것이지, 자신의 이야기를 하기 위해 무작정 끼어든 것이 아니다.
당신은 상대에게 동조하기 위해, 위로를 건네기 위해 당신이 공감하고 있다는 걸 보여주기 위해, 또 함께 감정을 공유하기 위해 끼어든 것이다.

당신은 또한 그들만큼 대화의 내용에 강한 관심을 갖고 있기에 끼어들 수 있는 것이다.
당신은 상대방과 같은 정도의 감정을 느끼고 있으며 이것이 바로 핵심이다.
대화 상대에게 반대하는 대신 강하게 동의하고 있는 것이다. 누가 장단을 맞춰주는 사람을 싫어하겠는가?

대화의 상대가 당신이 감정적으로 공유하고 있다고 느끼면 느낄수록 당신에 대해 호감을 갖게 될 것이다.

그러나 솔직히 다른 사람이 하던 말을 끝내줄 정도로 감정적 동조를 느끼는 경우는 그렇게 흔하지 않다.
그런 감정의 밀착을 느끼고 싶다면 어떻게 할 것인가?

대화에 끼어들기 위해 사람들이 어떤 대화를 나눌지 미리 예측하기는 어렵지 않다.

당신은 그들이 언제 흥분을 하는지 알 수 있다.
사람들은 흥분을 하면 크게 의견을 표현하며 심지어는 과장법을 사용하기도 한다.

그러니 언제 끼어들어야 할지 알고 쉽지 않은가?
만약 상대방이 어떤 문제에 대해 강한 감정을 느끼고 있다고 알게 된다면, 바로 그때 대화에 끼어들면 되는 것이다.

예를 들어, 노트북에 관한 대화를 한다고 가정을 해보자.

상대방이 애플사의 제품을 선호하는 것이 분명하게 느껴진다고 하자.

"그 사람이 일반 PC를 갖고 있었다니 믿을 수가 없어. 그건······." (끼어들기) "맞아! 왜 애플을 안 쓰는 거지? 그렇게 멋진 제품을······."

물론 당신의 예상이 잘못되었다면 역효과가 날 수도 있다.

예를 들어 위의 예에서 상대방이 애플사가 아니라 PC를 좋아한다고 잘못 짚었다면 말이다.

이런 경우에도 쉬운 해결방법이 있다.

상대방의 대화에 끼어들기는 하되, 그들이 시작한 말을 대신 끝맺지는 않는 것이다.

예를 들면, '나도 알아······. 그건 진짜······.'

그러고 나서 상대방이 놀랍다거나 끔찍하다는 말로 문장을 끝낼 수 있도록 여지를 남겨두는 것이다.

그렇게 하면 그들이 어떤 쪽을 지향하는지 알 수 있다.

참된 그들의 모습을 이해하라

현대의 삶이 종종 소외감을 주고 사람을 고립시킨다는 것을 받아들이자.

대부분의 사람은 자신이 어떤 사람인지 다른 사람들은 잘 이해하지 못한다고 생각한다.
이것이 사실이거나 아니거나 사람들은 그렇게 생각한다.

누군가가 같은 목소리를 낼 때 우리는 감정적인 유대감을 느낀다.
감정적으로 서로 동조하며 '아하!' 라는 감탄사를 내뱉는 순간에 서로에게 이끌린다.

이런 순간에 사람들은 자신이 심오하고 다른 이에게 이해를 받는다는 느낌을 갖는다.
당신과의 대화에서 이런 순간이 잦다면, 당신의 대화 상대는 희망을 느낀다.
그들은 자신들의 대화 상대인 당신이 자신들을 이해해 준다고 느끼게 된다.

만약 당신이 진정한 대화의 상대가 되어 설득력을 얻고자 한다면 이 점을 명심해야 한다.

공유된 경험에서 나온 서로 통하는 농담을 주고받으며 바깥세상과는 별개로 그와 나를 잇는 유대감을 느끼게 해주는 대화의 방식이다.
단순한 우정이 아니라 깊고 심오한 단계의 친밀감인 것이다.

그렇다면 끼어들기의 최종적인 효과는 무엇일까?
바로 상상을 초월하는 효과가 있다.

성가신 쌍둥이가 종종 말하듯 그들은 서로 너무 밀접해서 서로의 문장을 대신 끝내줄 수 있다고 한다.
그들이 깨닫지 못하는 것은 그 반대의 경우도 마찬가지라는 점이다.
만약 상대의 문장을 끝맺을 수 있다면 친밀감을 만들어낼 수 있다는 것이다.

Conversation

Tactics

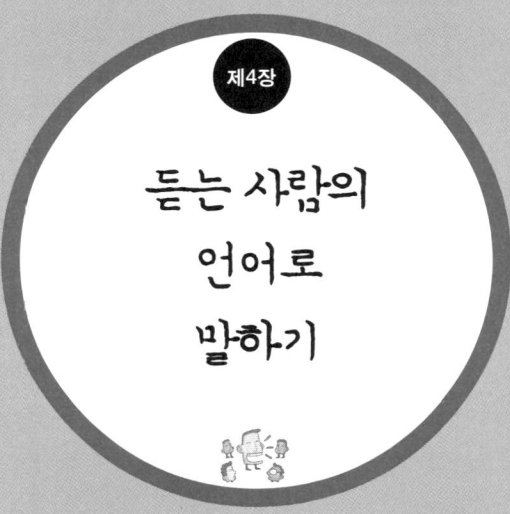

제4장

듣는 사람의
언어로
말하기

성공적인 대화의 열쇠는 편안함이다.

물론 성공적인 대화를 이끄는 단 하나의 열쇠를 찾는 것은 쉽지 않다.

그러나 편안함은 성공적인 대화의 가장 기본적인 요소라고 할 수 있다.
지나치게 편안할 필요는 없지만 대화 상대나 내용이 불편하다면 대화 상대는 자신을 열어 보이지 않을 것이며 매력을 어필하지도 않게 될 것이다.
트레이닝복을 입은 것처럼 편안하지는 않더라도 적어도 불편해서는 안 된다.

상대방이 편하고 안전하다 느끼지 않는다면 진실한 관계를 원하는 당신의 소망은 이루어질 수 없을 것이다.

상대를 편하게 만들 수 있는 가장 쉽고 좋은 방법이 있는가?

상대방의 언어를 사용하면 된다. 그들의 용어를 쓰면 된다.

그들이 편하게 사용할 수 있는 언어의 영역에 들어가 그들이 자신의 홈그라운드에 있다고 느끼게 하는 것이다.

그들의 억양, 목소리 톤, 얼굴표정, 몸짓과 손짓 등이 모두 그들의 언어영역이다.

사람들은 각각 다른 배경을 갖고 있다는 사실을 기억해야 한다.
우리는 서로 매우 다른 환경에서 자랐으며 자신이 자라온 환경에 의해 인생관과 사용하는 언어가 결정된다.
진정으로 유능한 대화자가 되고자 한다면 그들의 배경이 무엇인지를 빨리 알아채야 한다.

다음의 예가 조금 도움이 될 것이다.
강한 억양을 갖춘 사람과 대화를 나누고 있다고 가정하자.

대화 상대방이 '막, 변소, 피투성이' 와 같은 단어를 문장마다 쓰는 사람과 대화하는 것이 편하겠는가?
아니면 이런 단어의 의미와 억양을 이해하는 데 어려움을 느끼는 사람과 대화하는 것이 편하겠는가?

우리는 모두 자신이 생각하는 편한 지점이 있다.

그렇다고 해서 사투리를 쓰는 사람에 대해 배타적이거나 혐오한다는 것은 아니다.

우리가 자라온 환경의 결과로 자연스럽게 생겨나는 현상일 뿐이다.

누군가를 편하게 느끼게 한다는 것은 거울에 비친 그 사람처럼 행동하는 것이라고 할 수 있다.

단지 당신은 그 사람의 언어를 그대로 모방하는 것이 아니라 그의 언어로 이야기를 할 수 있어야 한다.

어휘(단어 선택)

편안한 분위기를 만들기 위해서는 상대방의 언어로 이야기 해야 한다.

그렇다고 그들의 방식을 그대로 복사하듯 모방해야 한다는 것은 아니다.

너무 뻔하고 서투르며 상투적이지 않은가?

첫 번째 단계는 상대방이 사용하는 어휘와 그들만이 사용하는 언어를 관찰하는 것이다.

당신이 상대방의 언어를 사용한다면, 그들은 당신을 다르게 인식할 것이다.
상대방의 언어로 이야기하면 다른 사람과는 구별되어, 그들의 울타리 안으로 들어가는 것이다.
그러면 상대방은 당신에 대해, 다른 사람들과는 달리 자신들의 언어를 이해시킬 필요가 없기 때문에 편해지는 효과를 낼 수 있다.

하지만 상대방에게 친밀감을 줄 수 있고 자신들과 비슷하다고 느끼게 할 정도의 언어는 그다지 많지 않기에, 이 점은 섬세하게 신경을 써야 할 부분이다.

어휘를 넘어 상대방의 버릇이나, 손짓, 몸짓까지 이해한다면 당신은 그들의 중심부에 들어가 관계를 맺을 수 있다.
상대방은 마치 자신의 어린 시절 친구와 이야기를 나누는 느낌을 갖게 될 것이다.
그들의 중심부는 그들이 항상 편하게 느끼는 곳이다.

약간의 배경 조사만으로도 대화를 하기 전부터 상대방의 배경과 그들이 편하게 느끼는 지점을 알아낼 수 있다.

예를 들면 당신은 그들에게 어디서 성장했는지, 그들이 즐기는 취미가 무엇인지 물어볼 수 있을 것이다.

그들의 고향과 취미에 양념을 가미해서 말을 이어가면, 어색함과 서먹함을 이겨내고 상대방은 당신을 같은 성향의 사람이라고 느끼게 될 것이다.

구체적으로 예를 들자면 만약 상대방이 시골에서 자랐고 스키가 취미라는 것을 알게 되었다고 하자.

그와 대화를 나눌 때 그 지방 사투리를 쓰며 가축에 대해 이야기를 하고, 스키 리프트나 슬로프와 관련된 비유를 들어 대화를 하면 좋다.

그러면 자신과 비슷한 사람을 만났다는 생각에 상대방은 눈을 반짝이게 될 것이다.

사람들이 편하게 느끼는 지점은 당신이 생각하는 지점과 다를 수 있다는 것을 명심해야 한다.

이는 사람들이 스스로를 어떻게 바라보는지에 관한 문제

이다.

크고 명망 있는 법률회사의 파트너로 수백만 달러의 연봉을 받는 영향력 있는 변호사가 있다고 치자.

그 변호사가 당신에게 농장과 시골에서의 삶, 노동에 관해 말한다면, 그것이 그 변호사가 관심을 갖고 있는 분야라는 것을 알아야 한다.

객관적인 사실은 시골보다는 도시생활에 익숙한 도시 사람이라는 것이지만, 그가 말하는 것으로 보아 마음은 전원에 가 있는 것이다.

이런 경우 당신은 그가 그리는 자신의 모습에 맞춰, 그를 바라보며 편하게 느끼는 바로 그 지점에 대해 대화를 진행해야 한다.

너무 지나치면 안 된다

불행하게도 이런 경우는 허다하다.

정치인이 텔레비전에 나와 말할 때 자주 발생한다.

정치인들은 자신이 속한 지역민들처럼 말하려고 하는 서투른 시도를 하며 결국 비웃음을 산다.

무슨 말인지 이해가 되지 않는가?

그렇다면 15세의 젊은 도시 청년에게 연설하는 50대 변호사를 상상해 보자.

청년들이 사용하는 은어를 사용하고자 시도하는 변호사가 짜증나지 않는가?

아직도 이해가 되지 않는가?

인터넷을 사용하지 못하고 자란 당신의 부모님이나 다른 나이 든 사람들이 일상의 대화에서 'ㅠㅠ'나 'ㄹㅇ' 등을 사용한다고 상상해 보자.

바로 이런 것이 지나친 것이다.

상대방에게 그들의 언어를 사용하고자 하는 긍정적인 노력은 전달될 수 있지만, 그런 행동이 오히려 상대방을 불편하게 만들 수 있다.

그들은 어색함에 실소하게 되고 이는 오히려 역효과를 낳을 수 있다.

편안함에 집중하라

앞에서 언급했듯이 편안함은 대화의 목적이 아니라 필수조건이다.

편안함을 느끼게 된다면 신뢰를 느끼고 마음을 열게 된다.
솔직함과 신뢰가 없다면 굳이 대화를 할 필요가 있겠는가?

상대방의 언어로 말하고 그들의 편안한 지점에 들어서게 되면 그들은 당신 앞에서 그들의 전부를 보여줄 것이다.
당신 앞에서 남에게 인정받기 위해 꾸며내는 모습은 전혀 보일 필요가 없게 된다.

자기 자신을 꾸며내는 것은 정신적으로나 감정적으로 많은 에너지를 소모하게 만든다.
상대방 앞에서 굳이 자신을 꾸며내기 위해 애를 쓰지 않아도 된다면, 그들은 당신에게 좋은 감정을 느끼게 될 것이다.

이로 인해 서로 마음을 교류하며 친밀감을 느끼게 될 것이다.

상대방의 언어로 말을 하는 것만큼 그들을 편하게 만드는 기술은 없다.
당신과 같은 마을 출신의 사람과 당신이 살아온 고향에 대해 설명을 해줘야 하는 사람 중 누가 더 편하겠는가?

상대가 편안하게 느끼는 지점을 찾고 그 지점에서 대화를 나눈다면, 당연히 그들은 당신을 특별하게 여길 것이다.

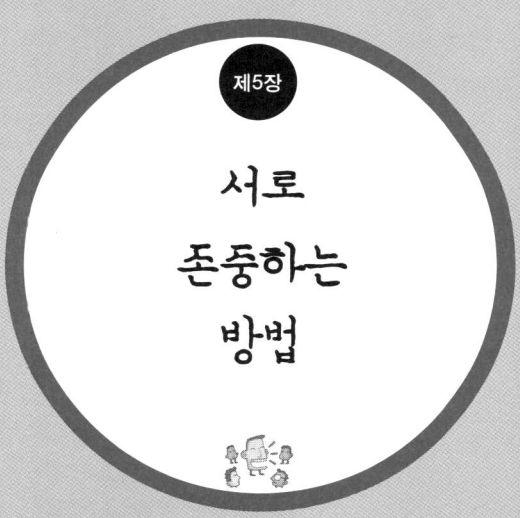

제5장

서로 존중하는 방법

아무리 작을지라도 사람은 모두 귀하다. -닥터 수스-

모든 인간은 객관적으로 존중받을 가치가 없다고 할지라도 존중받아야 한다.

다른 말로 하자면, 어떤 인간도 무시당하고 싶어 하지 않으며 자신이 중요하게 여겨지지 않는다는 사실을 좋아하지 않는다.
이것은 다른 사람의 하루를 망치는 부정적인 감정이며 피해야 할 감정이다.

존중은 얻어내야 한다는 것을 우리는 알고 있다. 그냥 주어지는 것이 아니다.

그러나 다른 사람과 잘 지내고자 한다면 그 사람이 존중할 가치가 있는 사람인지 아닌지는 중요하지 않다.
당신이 속으로 어떤 생각을 하든지 상대가 존중받는다는 것을 느끼게 해줘야 한다.

거짓이라 생각하는가?

그냥 현실일 뿐이다.

우리의 가족이나 친구, 우리가 존중하는 사람들과만 지낼 수 있다면 이상적일 것이다.
그러나 이는 당신이 직업이 없거나 외부 생활을 하지 않는다는 것을 의미한다.

만약 당신이 상대가 최소한의 존중을 받고 있다는 생각조차 들지 않게 행동한다면 그는 어쩌면 당신도 자신과 똑같이 느끼도록 만들려 할지도 모른다.

다른 사람과 대화를 나눌 때 오해를 일으키거나 불필요한 감정싸움을 피하고 싶다면 당신이 그들을 존중하고 있다는 것을 그들이 느낄 수 있도록 대화를 나누어야 한다.

존중하는 마음을 보여주기

존중하지 않는다는 것이 무엇인지부터 설명하겠다.
그것은 바로 당신 주변의 사람들에게 명령하고 지시하는

것이다.

다른 사람에게 말할 때 당신이 사용하는 말투와 구절을 보면 당신이 얼마나 그들을 존중하는지를 알 수 있다.
당신의 눈에는 별거 아니겠지만 그 영향력은 매우 크다.

"쓰레기 버려, 지금."
"쓰레기 좀 처리해 줄래? 나, 지금 오븐 때문에 정신이 없어서."

의문문과 평서문의 차이는 크다.
논리적으로 당신이 말하는 것은 같다.
의문문과 평서문은 같은 메시지를 주고 목적하는 바도 같다.
그러나 목적지로 가는 방식에 큰 차이가 있다.

상대의 의견을 묻는 의문문은 평서문에 비해 상대를 존중하는 말하기 방식이다.
누군가에게 평서문으로 말하는 것은 그에게 명령을 하거나 의무를 부과하는 것처럼 느껴질 수 있다.

그들이 하는 일에 대한 배려가 없는 행위이고 굴복하라는 권위적인 어조를 띠게 되는 것이다.

많은 사람들이 단순한 문장에도 상처를 받고 그 안에서 의미를 찾으려고 한다.
사람들이 평서문에 느끼는 불만에 대해 더 논의할 수 있지만 결론은 의문문을 사용할 수 있을 때 평서문을 피하고 의문문을 사용하라는 것이다.

법칙을 고수하라. 명령하지 말고 부탁하라.

상대가 존중을 받고 있다는 느낌을 더 많이 주는 방법은 정당화이다.

"쓰레기 버려주면 안 될까? 나, 지금 오븐 때문에 너무 바빠."

상황을 진정시키고 상대가 존중받고 있다는 느낌을 극대화하기 위해 그들에게 왜 부탁을 하는 것인지 그 이유를 설명해야 한다.

당신이 부탁하는 이유를 말하는 것은 명령을 정당화시킬 뿐 아니라, 이를 논리적인 도움의 요청으로 바꾸어준다.

마법의 단어는 '왜냐하면' 이다.
연구에 의하면 부탁을 할 때 왜냐하면이라는 단어를 포함함으로써 상대방의 머뭇거림이나 방어적 성향을 진정시킬 수 있다고 한다.

이유를 말해 주면 상대가 존중받고 있다는 느낌을 받게 된다.

"전자레인지 좀 돌려줄래? 방금 양파를 썰다가 손가락을 베었거든."

부탁의 이유를 제공하면 상대가 존중받고 있다는 느낌을 주게 되고 상대가 방어적 행동을 자제하게 되는 것 외에도 상대가 느끼는 부담감을 필수불가결한 것으로 바꾸어준다.
반드시 필요한 일을 부탁받을 때 사람들은 무시당하고 있다는 느낌을 받지 않는다.
손을 베인 사람을 돕는 것처럼, 대부분의 사람들은 도움을 주게 되었다는 사실을 기쁘게 받아들인다.

당신과 상대 사이에 상하관계나 상명하복의 관계가 원래 존재하지 않을 때, 사람들은 쉽게 방어적이 된다는 사실을 기억해야 한다.
우리 사회에서 대부분의 사람들은 다른 사람들과 자신을 평등한 위치에 있다고 생각한다.
누군가 명령을 함으로써 내재된 평등의 관계를 망쳐버린다면 그로 인해 모든 종류의 방어기제가 작동하게 된다.

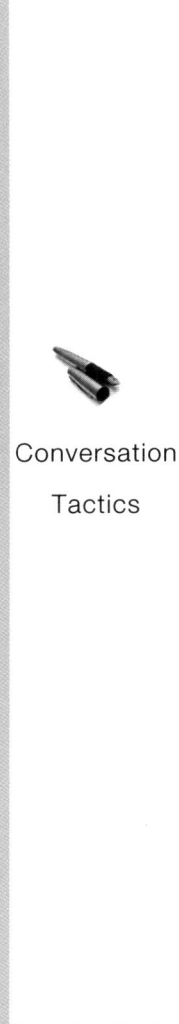

Conversation

Tactics

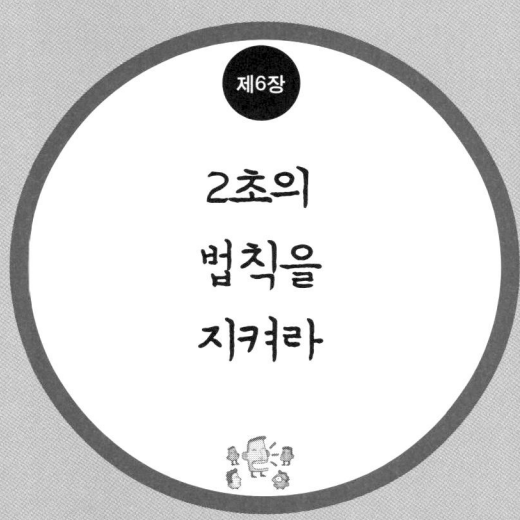

제6장

2초의
법칙을
지켜라

사람들이 스스로에 대해 이야기하는 것을 좋아한다는 사실은 대화의 전략에 대해 논의하는 책에서 흔하게 볼 수 있다

이것은 부인할 수 없는 사실이다.

첨언하자면 사람들은 스스로에 대해 말하는 것보다 자신들의 말이 경청되고 있고 그것이 중요하게 여겨진다는 느낌을 더 좋아한다.

바로 이 느낌을 위해 그들은 자신에 대해 이야기하는 것이다.
대부분의 사람들은 천성적으로 스스로에 대해 자랑하지 않는다.
그들은 단지 자신들에 대해 이야기하면서 다른 사람들에게 존중받고 있다는 것을 느끼고자 할 뿐이다.

다른 이들의 관심을 받으려는 사람들은 자신의 말이 남에게 경청되고 존중받고 있다는 것을 느끼고 싶어 한다.

조명을 받고 있는 사람으로부터 그 관심을 빼앗아오는 것

은 아주 나쁜 행위이며, 우리는 깨닫지 못한 채 그런 행동들을 하는 경우가 많다.

지속적으로 대화의 주제를 당신 쪽으로 바꿈으로써 다른 사람이 받고 있는 관심을 자신 쪽으로 돌리는 행위가 거기에 해당하는 행동이다.

이는 당신이 상대방이 하는 말을 듣지 않고 있다는 느낌을 주며, 상대방이 받고 있는 관심을 빼앗는 것처럼 보이게 한다.

당신이 실제로 주의 깊게 그들의 말을 듣고 있었다고 하더라도, 사람들은 당신이 그들의 말을 경청하고 있지 않다고 생각할 것이다.
그들이 말을 마치자마자 당신이 곧바로 끼어드는 행위도 그런 느낌을 준다.

왜 이것이 옳지 않은 행동일까?

방금 말을 마친 사람은 곧바로 말을 이어가는 당신을 보며 자신의 말을 듣고 있지 않았다고 느낄 것이다.

당신은 자신의 말을 너무 하고 싶어 그들의 말을 경청하지 않았다는 느낌을 줄 것이다.

그런 행동을 하면 당신은 다른 사람의 말을 진심으로 듣지 않고 자신이 말할 차례가 오기만을 기다렸던 사람처럼 보일 것이다.

이것은 기술적으로 대화에 끼어드는 행위가 아니다.

긍정적으로 끼어드는 행위는 그들의 대화 내용에 당신이 너무나 동의하기 때문에 참을 수 없어 대화에 끼어드는 것이고, 이 경우는 당신이 말을 하기 위해 상대방의 말이 끝나기만을 기다린 행위인 것이다.

여기가 바로 2초의 법칙이 끼어들어야 할 곳이다.

2초의 법칙

2초의 법칙은 간단하다.

다른 사람이 특별히 길게 자신의 이야기를 마치고 나면, 다른 대화를 시작하기 전에 2초를 기다려야 한다는 것이다.

   이것이 전부다.
   상대방이 말한 것을 흡수하고 있다는 느낌을 주기 위해 2초를 기다리고 나서 반응을 보이면 된다.

   물론 그냥 흉내를 내서는 안 되고 진정 그렇게 행동해야 한다.
   자신의 개인적인 이야기를 했는데 상대방이 제대로 듣지 않고 곧바로 자신의 다음 운동계획에 대해 이야기한다는 것은 매우 당황스러운 일이다.

   그 2초 동안 멍한 표정을 짓지 말고 생각에 잠긴 듯한 표정을 짓도록 해야 한다.

   사람들은 말을 마치고 나서 상대의 얼굴을 본다.
   그들이 찾는 것은 당신이 집중하고 있었고 그들의 말을 받아들였다는 신호이다.

   만약 당신이 자신이 하고자 하는 말을 곧바로 이어간다면 자신의 말에 당신이 귀를 기울이고 존중하고 있기나 한 것이지 상대방은 의심하게 될 것이다.

걸리는 시간은 겨우 2초이다.
이는 당신이 상대가 전달하고자 하는 메시지에 대해 생각하고 실제로 서두르지 않도록 하는 긍정적인 효과를 가져 온다.

이 법칙의 본질은 사람들이 자신들이 중요하게 여겨지고 있다는 생각을 갖게 해준다는 점이다.
상대방이 말을 마치자마자 곧바로 당신이 하고자 하는 말을 한다면, 상대는 자신이 중요하다는 느낌을 느끼지 못할 것이다.

사람들은 당신이 그들의 말을 그냥 듣는 것이 아니라 경청해 주었기를 바란다.
만약 당신이 그들이 말을 끝내자마자 당신의 말을 한다면 그들이 하고자 하는 말의 진의를 당신이 파악하지 못했다고 느낄 것이다.

2초를 가득 채워라

그 2초를 사람들이 흔하게 채우는 방법은 '정말 흥미롭네요.'라고 말하는 것이다.

그러나 당신이 습관적으로 이렇게 말한다면 이는 짜증을 유발하게 될 것이다.
그들이 말을 마치자마자 말하고 싶은 당신의 욕구를 가리기 위해, 그냥 막 던지는 표현처럼 느껴지기 쉽다.

이 표현을 쓰는 좋은 방법은 2초를 기다린 후 그 표현을 말하는 것이다.
이것은 사실상 2초의 효과를 강화시키고 말을 마친 사람이 인정받고 있다는 느낌을 줄 뿐 아니라 그들의 말에 당신이 집중하고 있었다는 것을 보여준다.
결국 당신은 그들이 말한 것이 정말 흥미로웠다고 말하는 것이다.

이 법칙의 목표는 당신이 좋은 청취자라는 인상을 그들에게 심어주는 것이다.

사람들은 자신들의 말이 경청되는 것을 원하기에 경청해주는 사람을 좋아한다.

그들은 자신들이 중요하게 여겨지기를 원한다.

그들은 자신들이 말하는 것이 중요하다는 것을 다른 사람들이 알아주기를 원한다.

당신은 아마도 훌륭한 청취기술이라는 말을 많이 들어보았을 것이다.

이것은 당신이 진짜로 정보를 듣고 흡수하는지에 관한 문제가 아니다. 당신이 좋은 청취자처럼 보이느냐 하는 문제이다.

다른 말로 하자면 다른 사람들이 스스로에 대해 만족할 수 있도록 해주고 있느냐는 문제이다.

사람들에게 관심을 주고 그 관심을 그들이 계속 느낄 수 있도록 해주어야 한다.

제7장

대화를
열어가는
가장 좋은 방법

대화는 사교적인 연주와 같다. 대화의 기술은 그 연주를 돕는 근육과 같은 것이다.

운동이나 음악에서 훌륭한 연주를 위해 우리는 항상 준비 동작을 한다.
당신이 원하는 연주를 하기 위해 당신의 몸과 마음을 준비시켜야 하는 것은 상식이다.
달리기 선수는 스트레칭을 하고 가수는 음계를 연습한다. 대화를 나누는 사람들은 어떠한가?

만약 당신이 어떤 사회적 행사를 앞두고 있다면 이번 장은 당신을 위한 장이다.
당신의 사교기술이나 대화기술을 준비하기 위해 우리가 매일 일상에서 해오던 일을 계속하면 된다.
소리 내어 읽는 일을 하면 된다.

소리 내어 읽기

듣기에는 간단하지만 이번에는 목적이 있기에 이전과는 다른 방식으로 소리 내어 읽어야 한다.
그 방법이 여기에 있다.

우선 책장을 펴고 한 부분을 찾자.
그리고 400자 정도 되는 길이의, 서로 다른 등장인물의 대화를 찾는 것이다.
더 감정적이고 흥미로울수록 좋다.

그 다음 찾은 부분을 크게 읽자.
크게 소리 질러 읽기도 하고 과장되게 속삭이듯이 읽기도 해보자.
서로 다른 등장인물의 목소리를 서로 다르게 내는 것이다.
감정을 보이는 것보다 열 배 이상 과장하자.
즉 미친 듯이 웃고 끓어오르는 듯 분노를 표출하고 혼동과 기쁨 등을 표현하는 것이다.

얼마나 감정적인지 얼마나 우습게 표현하는지에 따라 승자가 정해지는 경쟁에서 연주하듯 읽자.
영화의 성우인 양 읽고 당신의 목소리 외에는 감정표현의 방법이 없는 듯 읽는 것이다.

당신 목소리의 톤에 집중해야 한다.
단조로운 목소리를 내는 것에 익숙한가?
그렇다면 멈추자.
당신의 목소리 톤의 범위를 넓히는 데 집중하자.
즉 크고 작게, 감정적으로, 표현력 있게……

본문에서 어떤 감정을 느꼈는가?
400자의 본문에서조차 감정의 고저가 있다.
그것을 만들어내고 당신의 목소리의 감정을 이용하여 클라이맥스를 표현하자.

당신의 발음과 글을 읽어내는 소리에 집중해야 한다.
다른 사람들과 이야기할 때 더듬거리거나 우물거리지 않도록 혀를 준비시키는 것이다.
대화의 본문을 꺼내야 하는 또 다른 이유이다.
소리 내어 읽는 본문이 다양할수록 당신은 더 잘 준비될 것이다.
달리기 선수는 조깅만을 마치고 준비가 다 되었다고 하루 일과를 마치지 않는다.
그들은 몸의 여러 근육을 이상적으로 준비시키기 위해 다양한 운동을 한다.

당신의 어린 시절 선생님이 책을 읽어줄 때의 목소리를 기억하는가?
그들처럼 책을 읽으면서 즐겨보자.
목소리의 표현만으로 스토리를 만들 수 있음을 깨닫도록 하자.

다 자란 어른과 이야기를 할 때도 그 기술을 어느 정도 활용할 수 있어야 한다.
대화를 흥미롭게 만들기 위해서는 톤과 발음에 있어 다양함이 있어야 한다. 이야기를 할 때 당신의 톤이 단조로워서는 안 된다.

숨쉬기

본문을 몇 번 소리 내어 읽어본 후 당신의 목소리에 감정의 다양성을 담았다면 마지막 단계는 당신의 숨쉬는 소리에 집중하는 것이다.

횡격막을 잘 사용한다는 것은 배에서 숨을 그려내는 것이다.

가수들이 자신들의 배에 손을 얹어 자신이 횡격막을 사용하고 있는지 확인하는 것도 이런 이유에서이다.

당신도 배에 손을 얹고 당신의 배가 타이트하다는 것을 확인하자.

당신이 내뱉는 단어에 생명을 불어넣는 것이 포인트이다.

횡격막을 사용하지 않고 말하는 사람들은 소심하게 작게 말하는 쥐 같은 소리를 내게 된다.

다른 장르의 문학에서 본문을 꺼내서 소리 내어 읽는 연습을 계속하자.

그러면 당신은 넓은 범위의 감정을 소화하게 될 것이다.

처음 시작은 과장되게 하여도 결국 당신은 실제 대화에서처럼 감정을 자제해서 말하게 될 것이다.

항상 준비는 필요한 것보다 많은 양으로 충분히 하고난 후 필요한 만큼으로 조정하는 것이 불충분하게 준비하는 것보다 낫다.

속도 조절

'어떻게 말하느냐.' 가 '무엇을 말하느냐.' 처럼 중요하다.

목소리의 톤, 얼굴 표정, 겸양적인 자세, 몸짓 등 전반적인 보여주기는 중요하다.
이에 못지않게 중요한 것이 말하는 속도이다.

당신은 거짓말쟁이와 숨길 것이 있는 사람들이 어떤 지점에서 속도를 빨리한다는 사실을 알았는가?
불안하고 초조해하며 불편해하는 사람 또한 그렇다.
그들의 속도는 그들의 의도를 보여준다.

속도는 당신의 친구가 될 수도 있고 당신이 말하는 내용을 깎아내릴 수도 있다.
당신은 어쩌면 중요하게 할 말이 있을 수도 있다
그러나 잘못된 속도로 말을 한다면 당신이 말하는 것의 대부분이 그 의미를 잃게 될 것이다.
사람들에게 당신이 믿을 수 있는 사람이라는 인상을 주기보다는 오히려 방어하게 만들지도 모른다.

당신의 말하기 속도에 대한 확실한 규칙은 없지만 아래의 사항을 일반적인 규칙으로 여기도록 해야 한다.

중요한 길목에서 속도를 줄여라

속도 조절을 통해 중요한 점을 강조할 수 있다.
중요한 이야기를 할 때는 받아들이는 효과를 높이기 위해 속도를 늦출 필요가 있다.

이야기의 중요한 부분이 간과된다면 당신은 좋은 대화자가 될 수 없다.
너무 빨리 말을 하면 이런 현상이 생긴다.
따라서 이야기의 핵심부를 이야기할 때는 속도를 늦추는 것이 좋다.

이야기의 구성요소와 감정의 표현이나 몸짓을 한 쌍으로 짝지어 의식적으로 표현할 수 있게 된다.
같은 이유로 중요하지 않은 이야기를 할 때는 속도를 높이는 것이 좋다.

초점을 잃지 말라

워밍업을 하는 이유는 더 어려운 문제에 스스로를 준비시키기 위함이다 일어날 확률이 적은 일에 대해서도 준비하는 것이 가장 좋은 준비방법이다.

그렇게 한다면 당신의 감정과 목소리의 범위는 당신에게 닥칠 일상적인 상황에 맞게 조절이 될 것이고, 당신은 감정을 잘 표현하는 사람이 될 것이다.

이 모든 것이 소리 내어 읽는 것으로 가능한가?

그렇다. 목적을 갖고 신중하게 연습이 된다면 그러하다.

Conversation
Tactics

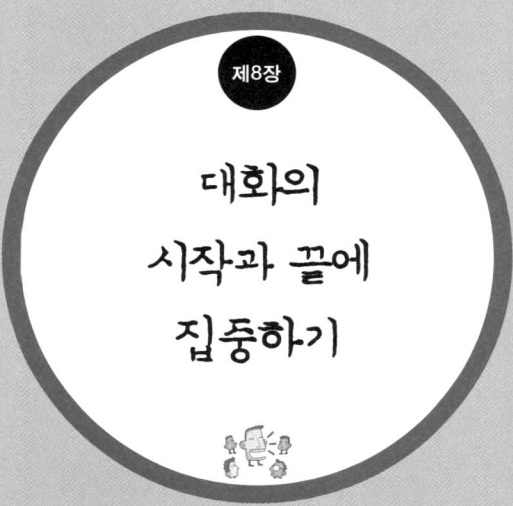

제8장

대화의
시작과 끝에
집중하기

다른 말로 하면 대화의 시작과 끝에만 집중하고 연습해야 한다는 것이다.

시작과 끝에 초점을 맞춰야 하는 데는 단순한 이유가 있다.
바로 그 지점이 사람들이 당신에 대한 인상을 얻는 지점이기 때문이다.

첫인상은 어떤 사람이 앞으로 수년간 당신의 행동을 바라보는 관점에 영향을 주는 중요한 것이다.
끝 인상은 그 사람이 당신에 대해 기억할 마지막 장면인 것이니만큼 긍정적이 될 수 있도록 해야 한다.

시작과 끝에 당신의 초점이 맞춰져야 한다.

첫 인사와 끝 인사에 쓸 짧은 인사말을 준비하는 것도 좋다. 이 인사말들을 암기하는 것도 좋다. 이 인사말들이 대화의 흐름을 방해할 일은 없다.

"전 패트릭이고 이 파티의 초대자하고는 남극여행에서 만났어요. 그녀는 얼음을 좋아했죠. 당신의 주말은 어땠나요?"

서론과 결론 중간의 다른 모든 것들은?

대략적인 아웃라인을 준비하면 된다. 그것으로 충분하다.

사람들은 잘 모르는 누군가와 대화를 나눌 때 월요일 아침 미팅 때처럼 자신들이 할 말을 모두 자세하게 준비해야 한다고 생각한다.

그런 식으로 준비하는 게 영리해 보이겠지만 실제로는 사람들과 대화를 나누고 친밀감을 느끼는 데 사실상 방해가 된다.

친밀한 대화는 연설이나 보고서가 아니다.

당신의 노력에도 불구하고 당신이 준비한 안건을 고수하지 못할 것이다.

그런 식으로 접근한다면 총싸움에 칼을 준비해 가는 것과 같다.

준비한 스크립트에서 벗어나서 헤맬 확률이 높다.

당신이 다시 준비해온 대본처럼 대화를 이끌어가려 한다면 상대방을 짜증나게 하는 기계적인 사람처럼 보일 것이다.

주어진 대본을 가지고 대화를 한다면 대화가 정해진 틀을 벗어나지 못해 망할 확률이 높다.

대화는 본질적으로 잡을 수 없는 것이며 즉흥적인 생각의 산물이다.

당신은 얼굴표정, 목소리 톤, 단어의 뉘앙스, 손짓, 자세 등을 관찰하고 이를 토대로 대화의 방향이 정해진다.

대화는 자체적으로 생명을 가지며 이로 인해 사람들은 서로 편안함을 느끼게 된다.

서로에 대해 이해하고 있다는 느낌을 받게 된다.

만약 당신이 이 상황에 대본을 사용한다면 서로 주고받는 역동성을 대본으로 대체하는 것이다.

효과적으로 작용하는 역동성을 상대방이 포기할 때까지 억누르려 하는 것이다.

처음 시작과 끝에만 초점을 맞춰야 하는 이유가 여기에 있다.

본문은 대화가 스스로 이루어지도록 두는 것이 좋다.

대화에서 대본을 쓸 때 주의해야 할 몇 가지 중에서, 가장 중요한 것은 정해 두면 자연스러운 흐름을 방해한다는 점이다.

만약 어쩔 수 없이 대본에서 벗어나게 된다면 대본에 의존하고 있던 당신은 어찌할 바를 모르게 된다는 것이다.
대본을 쓰면 불필요하게 의존하게 되어 목발 없이 걸을 수 없게 되는 격이 된다.

즉흥으로 만들어내라

해야 할 말의 처음과 끝만을 준비하게 되면 대화의 중간은 준비가 되지 않았다고 느낄 수도 있다.

즉흥적으로 꾸며내겠다는 마음가짐을 갖는 것이 필요하다. 이렇게 마음을 먹으면 전략적으로 오감을 일깨우게 된다.
오감이 필요할 것이라는 것을 알기에 당신은 당신의 오감을 더 예민하게 받아들일 것이다.

만약 즉흥적인 상황을 준비하지 않는다면 무의식적으로 대화의 구성방향을 기대하게 된다.

그렇게 된다면 당신이 무의식을 설계한 대화 구조에 맞지 않는 상황으로 대화가 흐르게 된다면, 어색하고 서투르게 대화를 나누게 될 것이다.

당신이 계획한 대화 방안을 목발로 의지하며 그 방안대로 흐르지 않을 경우, 무방비 상태로 남게 된다.

저녁에 개그클럽의 즉흥공연에 참가해 계획 없이 공연을 한다고 상상해 보자.

당신과 이야기를 나누는 사람들이 보내는 사인에 주의를 기울여야 할 것이다. 더 자세히 관찰할수록 대화를 나누는 것은 쉬워진다.

상대방이 셔츠가 특별하다거나 그가 새로 머리를 정돈했다는 것을 알아차렸다 치자. 당신이 잘 살펴보았다면 대화의 방향은 그쪽으로 흐르게 될 것이다.

당신이 준비한 대본은 아마도 대화의 상대방에게 중요한 단순한 주제를 담고 있지 않을 것이고 예상되지 않은 방향으로 흐르는 것을 용인하지 못할 것이다.

당신의 대화의 시작과 끝은 확실해야 하며 미리 연습되어질 수 있다. 좋은 인상을 주고 싶다면 이렇게 해야 한다.

그러나 대화의 본문은 자연스럽게 상황에 따라 흐르도록 해야 한다, 그렇지 않다면 스스로 방향을 잃은 로봇이 될 뿐이다.

준비된 대본은 당신을 멍청한 대화 상대자로 만들 뿐이다.

Conversation Tactics

제9장

비꼬는 말에 유연하게 대처하는 방법

어떤 사람들은 다른 사람을 놀리는 말이나 농담, 빈정대면서 다른 사람과 친해지며 애정을 드러내기도 한다.

나 또한 그런 사람일 수 있다.

물론 당신이 멈춰야 할 곳을 안다면 문제가 되지 않는다.
그러나 다른 사람에게 이런 농담을 하면 그런 농담이 당신에게 필연적으로 돌아올 때 이를 받아들일 수도 있어야 한다.

기분이 언짢아지는 농담을 듣고 나서도 꿋꿋하게 버티는 법은 무엇일까?
개인적 유감이나 나쁜 의도가 없다는 것을 받아들여야 한다.

그런 시니컬한 농담을 잘 받아들이는 방법은 방어적이 되거나 그런 농담에 화를 내지 않는 것이다.
당신의 기분을 나쁘게 만들기 위해서 하는 농담이 아니며 당신이 당신의 약점에 공격을 받아도 웃어넘길 수 있을 정도로 자신감이 있는 사람이라 생각하기에 하는 농담인 것이다.

화를 내어 그들의 판단이 잘못 되었다는 것을 증명하지 말아야 한다.

누군가 당신을 희생해서 농담을 한다면 그냥 그들의 말에 동의하며 그 말을 조금 더 과장해 주어라

"패트릭, 1980년대에나 환영받을 만한 머리 스타일인데?"
"무슨 소리야 1880년대가 아니고?"

"패트릭, 네 전화기가 여기서 안 되다니 믿을 수가 없다."
"맞아. 1990년대 카폰 같은 거지 뭐……. 그때처럼 무기대용으로 쓸 정도까지는 아니지만."

"패트릭, 어제 저녁에 네가 해준 스테이크 덕분에 설사 났어."
"설사 정도면 다행이지."

"패트릭, 운전 진짜 엉망이다."
"이래봬도 자동차 2대밖에 폐차 안 했어……. 무슨 소리 하는지 전혀 모르겠어?"

　느껴지는 것이 있는가?
　먼저, 당신은 말을 붙이기 쉬운 사람이라 느껴지며 너무 진중한 사람처럼 보이지 않는다.

　농담을 받아들이고 이를 또 다른 농담으로 승화시키는 것은 유머감각을 보여주며 다른 사람을 편하게 만들어준다.
　당신 곁에서 상대방은 너무 깊이 생각하지 않고 편하게 말을 하게 될 것이다.

　두 번째로, 당신은 자존감이 강한 사람으로 보인다.

　스스로를 더 깎아내리는 행동이 당신은 다른 사람의 시선에 신경을 쓰지 않는다는 인상을 심어준다.
　농담을 받아 장난을 치고 농담의 대상이 되는 것조차 신경을 쓰지 않는 것처럼 보인다.
　그냥 즐기자는 신호이고 그 즐거움을 더 연장하고자 하는 것뿐이다.

마지막으로 당신은 위트 있고 영리하게 농담을 하는 재치 있는 사람으로 보이게 된다.

만약 당신이 가이드라인대로 행동한다면 당신의 계획된 농담은 너무 빤히 보이게 된다.

중요한 점은 서로 편하게 느낄 수 있는 농담을 주고받아야 한다는 것이다.

만약 당신이 공격을 받았다고 생각하며 화를 낸다면 불쾌감을 상대에게 전달하게 될 것이고 그 상대는 당신 주변에서 항상 긴장하며 조심해야 할 것이다.

심하게는 사람들은 당신이 농담을 받아들이지 못하는 사람이라 생각하게 될 것이다.

사람들은 당신이 스스로를 너무 중요하게 여긴다고 생각하게 될 것이고 결국에는 당신에게 말하는 것을 삼가게 될 것이다.

당신은 농담을 감정적으로 받아들이지 않는 법을 배워야 한다.

그들은 당신을 개인적으로 공격하고 싶어 하지 않는다.

그들은 당신을 친구로 알고 싶어 할 뿐이다.

만약 당신이 자신이 하는 모든 말이 복음서의 진실처럼 받아들여지길 원하는 예민한 사람이라면, 당신의 주변에서 편하게 어울릴 사람은 없을 것이다.

농담을 주고받으며 사람들은 친해진다.

농담을 받아들지 못하는 사람과 누가 친구가 되고 싶겠는가?

사람들은 당신의 주변에서 따듯함과 편안함을 느끼지 못할 것이다.

그러나 만약 당신이 농담을 감정적으로 받아들이지 않고 과장되게 돌려준다면 사람들은 당신을 친구로 받아들일 것이다.

사람들은 당신이 상처받지 않고 자신들을 판단하려 하지 않을 거라 생각하며 당신에게 솔직히 다가갈 것이다.

이 전략의 핵심은 비판이나 농담에 동조해 주는 것이다.

지금 상대가 하고 있는 것은 당신이 당신의 단점을 인정하도록 하는 것일 뿐이다.

그들과 함께 즐겨주고 받아들여야 한다.

사람들을 무장 해제시키도록 해야 한다.
당신이 상대방을 무장 해제시키고 그들의 농담을 과장해 준다면 그들은 당신을 두고 농담하는 것을 그만두게 될 것이다.

초등학교에서 자신이 진지하게 받아들여지길 원하는 학생들이 더 많은 놀림거리가 된다는 것을 아는가?
사람들은 그냥 반응을 원하는 것이고 그런 학생들은 보통 잊지 못할 반응을 보여준다.

만약 당신이 농담을 받아들이지 못한다는 사람이라는 소문이 난다면 어떻게 될 것 같은가?
사람들은 당신을 더욱더 힘들게 할 것이다.

개인적인 유감은 아니다

이 점은 중요하다.
가끔 당신이 농담을 과장하고 이를 즐기려고 할 때 너무 지나치다 보면 잘못된 메시지를 주게 된다.

당신이 마치 그들에게 복수를 한다는 느낌을 주게 될 것이다.

"패트릭, 너 머리 스타일이 너무 이상해."

"나도 알아. 완전 엉망이지. 내가 하는 모든 게 다 엉망인 걸, 뭐. 내 옷들도 다 쓰레기 같고 말이야. 난 이제 거지 소굴 같은 집으로 돌아갈게……. 고맙다."

매우 불필요한 과장이다.

농담과 조롱 사이

사람들은 가끔 실제로 악의적인 경우가 있다.
그들은 그냥 농담을 하는 것이 아니라 당신의 지성, 판단력이나 성격을 조롱하는 경우가 있다.

농담과 조롱 사이에는 큰 차이가 있다.

농담은 받아들여질 수 있다. 차이는 보통 의도에 있다.

농담은 당신을 건드릴 수 있고 당신이 개인적인 것이라 여기는 것들에 대한 것일 수도 있다.

당신이 목표는 아니다.

조롱의 유일한 목적은 당신을 바보처럼 보이게 하는 것이며 집요하게 파고든다.

농담은 즐겁게 받아칠 수 있으며 불필요한 감정싸움을 불러일으키지 않는다.

그러나 당신을 조롱하고자 하는 사람을 대할 때에는 훨씬 더 주의해야 한다.

당신이 불쾌하다는 것을 보여줄 정도로 방어적이어서는 안 된다.

'뭐 하는 거야?' 라는 정도의 응수면 충분하고 대부분의 사람을 멈추게 할 것이다.

여기서 중요한 점은 당신이 호락호락한 사람이 아니라는 것을 알려주는 데 있다.

그들이 무슨 짓을 하는지를 당신이 안다는 것을 전하고 참지 않을 것이라는 것을 강조하면 된다.

이 점은 당신에 대한 다른 사람들의 존중에도 영향을 미치는 것이므로 중요한 문제이다.

만약 사람들이 당신을 주제 삼아 조롱을 하고 그것을 당신이 묵인한다면 그들은 당신을 존중하지 않을 것이다.

무시당하고 가만히 있는 사람으로 여겨지고 싶지 않다면 가끔은 싸워야 한다.

다행이 일상에서는 조롱보다는 농담을 하는 경우가 많다.
기억해야 한다, 농담에 대해 농담을 하라.
그러면 사람들과 더 친해질 수 있을 것이다.

제10장

상대의 개성을 칭찬하기

평범하고 변변치 않은 사람이라도 독특한 면을 지닌다.
이것은 좋은 점이다.

독특한 면이 쉽게 드러나는 사람도 있고 찾기 어려운 사람도 있지만 사람마다 개성은 다 있기 마련이다.

사람은 누구나 정신적이거나 감정적인 것 혹은 신체적인 것일지라도 자신만이 가진 독특한 색깔을 지니고 있다.

당신은 사람들이 이런 개성들을 숨기고 싶어 한다고 생각할지도 모른다.
그러나 놀라운 점은 당신이 그들의 개성을 알아주고 언급하고 칭찬해 준다면 그들은 당신을 좋아하게 된다는 것이다.

대화의 영역에서는 매너, 손짓, 몸짓, 어휘, 독특한 구절 혹은 그들이 다리를 꼬는 방식 등 다양한 부분에 그들의 개성이 드러난다.

사람들은 다른 이들과 말할 때 무의식적으로 행하는 징크스를 갖는다.

징크스는 아닐지라도 사람은 누구나 하루를 시작하는 자기만의 방식을 갖고 있다.

어떤 사람들은 입안에 든 음식을 50번 이상 씹기도 하고 또 다른 사람들은 문을 열 때, 문고리를 잡는 것을 피하기도 한다.
보도블록의 갈라진 틈을 밟지 않는 사람들도 있다.

다른 외부의 요인 때문이 아닌 반복되는 특징을 발견하면 그것에 집중하자.
부정적인 태도가 아닌 주의를 기울이는 방식으로 집중하는 것이다.

"신발 끈 묶는 방법이 독특하네."

"단지를 열 때 항상 같은 방식으로 여는구나. 나도 가르쳐 줘."

"왼쪽 팔을 사용하는 게 더 좋아? 안으로 걸어 들어갈 때 마다 다섯 번씩 소리를 내네."

"최근에 1984 읽었어? 최근에 복합단지에 자주 가나 보네."

당신은 이들을 놀리는 것이 아니다.
아무도 알아채지 못할 것이라 그들이 생각하는 사적인 행동들에 관심을 가져주는 것이다.

그들만의 특징을 당신이 알아준다면 그들은 당신이 자신들을 특별하게 여긴다고 생각하게 될 것이다.
마치 새로 머리를 한 사실을 당신이 알아주는 것과 같다.
대부분의 사람들은 눈치 채지 못할 것이라고 생각한 세심한 농담을 당신이 알아봐 주는 것이다.
본인은 알고 있지만 관심을 끌고 싶지는 않은 사실, 그래도 누군가 한 명은 알아주길 바라는 어떤 사실을 당신이 알아차려 주는 것이다.

그들의 개성을 당신이 알아줌으로 인해 당신이 그들의 하루를 행복하게 만들어주는 것이다.

너무 드러나지 않고 섬세하게 위의 예들과 같이 할 수 있다면 어떤 반응이 올 것이라고 생각되는가?

"이걸 눈치를 채다니 대단하다."

"관찰력이 대단하구나."

"이 점에 대해 질문한 건 네가 처음이야."

제대로만 한다면 사람들은 당신을 새롭게 볼 것이다.
당신이 자신들의 실제 모습을 정말 잘 이해하고 있다고 생각할지도 모른다.
즉각적으로 친밀감이 형성될 수 있다.
당신에 대한 그들의 인식이 바뀌게 되는 것이다.

무리 중에 끼어 있는 또 다른 이방인이 되어 그들과 일상적인 대화를 할 수는 있겠지만, 이 경우 당신은 특별한 존재가 아니며 그냥 무리 중 한 사람일 뿐이다.

그러나 당신이 그들의 특징을 알아차려 언급한다면 당신은 관찰력이 뛰어난 지적인 사람이 될 것이며 직관적이며 예리하다는 등, 온갖 좋은 수식어구가 당신을 뒤따를 것이다.

방법이 중요하다

　개성을 언급하는 것은 그들에게 칭찬을 받기 위한 것이 아니다.
　만약 칭찬받기 위해 그들의 특성을 언급한다면 사람들은 이를 곧 알아차리게 될 것이다.

　그들의 개성에 집착하는 사람처럼 보인다면 그들은 당신을 어떻게 생각할 것인가?
　그들은 당신에게 방어적인 자세를 취할 것이다.

　그들은 당신이 자신들을 진정으로 이해하고 있다고 여겨 당신과 친해지고 싶어 하는 대신에 당신을 피하고 싶다고 생각할지도 모른다.

　다른 사람의 개성에 대해 이야기할 때 당신의 목소리나 몸짓에 어떤 편견도 들어가지 않도록 주의해야 한다.

사람들은 자신들이 옳지 않다거나 혹은 비정상적이라고 생각되어지는 것을 원하지 않는다.
만약 그렇게 생각되어진다고 느낀다면 그들은 방어적이 되고 당신을 경계하게 될 것이고, 이로 인해 대화는 실패로 돌아가게 될 것이다.

다른 사람의 특징에 대해 가장 효과적으로 언급하는 방법은 감정을 배제하고 무심한 듯 말하는 것이다

"왼팔을 더 좋아하나 봐? 항상 다섯 번씩 왼쪽 팔을 흔들어 소리 내는 걸 보면……."

이 말에는 어떤 부정적인 판단도 들어 있지 않으며 그냥 관찰한 사실을 언급한 것이다.
어떤 부정적인 견해 없이 단순한 호기심에 질문하는 것이다.

부끄러운 행동에 주목하는 것처럼 느껴지게 해서는 안 된다.
그냥 평범한 것을 관찰한 듯 언급해야 한다.

"나도 밥을 먹기 직전에 의자에 앉을 때 같은 행동을 해."

그러고 나서 당신의 특징적 습관에 대해서 이야기하는 것이다.
이렇게 함으로써 공유할 수 있는 공통분모를 만들 수 있을 뿐 아니라, 어떤 편견도 없다는 것을 보여줄 수 있다.
당신과 대화를 하는 상대방이 당신을 친구라고 생각하게 만드는 것은 쉽다.
당신과 그들은 서로 비슷한 습관을 나누었기에 세상과 함께 맞서는 같은 편이 되는 것이다.

자신만의 개성을 알아주는 사람과 이들은 더 깊은 관계를 맺는다.

현대사회에서 혼자라는 생각을 하기는 쉽다.
그래서 누군가 당신에 대해서 잘 알거나 같다고 말한다면 우리의 마음속에서 그 사람은 쉽게 잊히지 않게 된다.
우리가 스스로를 바라보는 방식과 같은 방식으로 그 사람이 우리를 바라본다면 우리는 그 사람과 더 가까워지고 싶어지게 된다.

만약 당신이 야구를 잘한다고 생각한다면 그 생각을 확인시켜주는 다른 사람의 말은 듣기 좋을 수밖에 없다.

만약 당신이 다른 사람이 이상적이라 생각하는 자신들의 모습을 당신이 알아봐주고 그들이 스스로 장점이라 생각하는 것들을 가치 있게 바라봐준다면, 그 사람과 당신은 친밀한 관계로 발전하게 될 것이다.

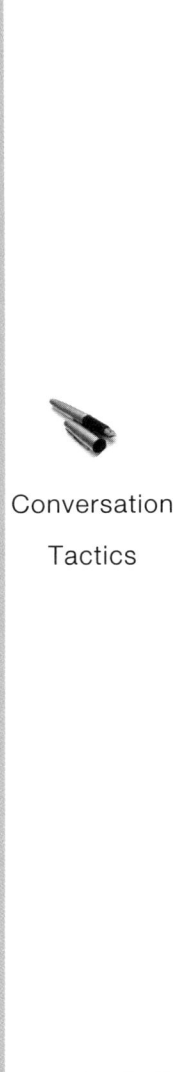

Conversation

Tactics

제11장

일상을 살짝 비틀어 만드는 유머

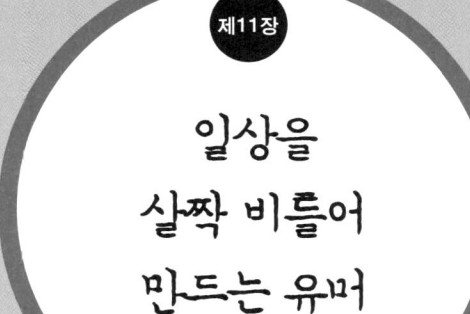

필자가 즐기는 코미디 프로에는 일정한 패턴이 있다.

일상적으로 일어나는 사건을 새로운 관점으로 바라본다는 것이다.

예상하지 못한 비교가 핵심이고 바로 웃음의 근원이 된다.

화장실 유머가 이런 예이다.

소풍을 갔다고 가정을 해보자.

맥주가 넘치고 바비큐의 유혹이 있다. 당신의 만족스러운 오후는 당신의 머리에 볼일을 보고 지나간 참새로 인해 발생한다.

당신은 화장실로 달려가 비누를 사용한다.

비누 없이는 깨끗하다고 느껴지지 않는다.

비누가 없다면 집에 돌아갈 것이다.

머리 위에 새똥이 남아 있다면 어떻게 핫도그와 포테이토 칩을 계속 먹을 수 있을 것인가?

새똥을 처리하는 데 비누가 빠질 수는 없을 것이다.

그런데 우리는 일상에서 화장실 뒤처리를 할 때 항상 비누를 잊지 않는가?

웃긴다는 것을 깨닫는 데는 약간의 시간이 필요하다.

매일 발생하는 일을 다른 문맥에서 생각해 본 것이 이 유머의 전부이다.
처음에는 그냥 일상적인 화장실 일과이지만 생각해 보면 비위생적인 과정임을 깨닫게 된다.

만약 외계인이 우리를 관찰하고 있다면 비누를 사용하지 않는 우리의 행동이 이중적으로 보이지 않겠는가?

이것이 바로 유머의 힘이다.

한 번도 눈여겨보지 않은 사실을 새로운 관점으로 바라보는 것이다.
유사점과 새로운 점을 잘 조화시키면 유머가 발생한다.
사람들이 흔하게 보고 겪는 일이라 곧바로 자신과 연결시키게 되며 바로 이 때문에 강력한 효과를 지닌 유머가 된다.

모두 같은 경험을 했기에 스스로를 대입해서 웃게 되는 것이다.

모두 함께 공통으로 나눈 경험이며 함께 흔하게 관찰할 수 있는 현상인 것이다.
그러나 이것을 새롭게 해석하면 이것은 흥미롭고 위트 있는 사건이 되는 것이며 당신이 말하는 것에 진실이 어느 정도 녹아 있다는 사실을 부인할 수 없어 웃게 되는 것이다.

TV 쇼 '스크럽'에서 나온 구절을 빌려 설명하고자 한다.
'움직이고 있는 사람의 엉덩이는 서로 달라붙어 있는 프링글스를 닮았다.'

문자 그대로가 아닌 예상외의 의미를 파악해 보면 유머를 즐기게 될 것이다.

유머에는 공식이 있다.

첫 번째는 일상적인 현상에 집중하는 것이다.(우리는 화장실에서 휴지만 사용한다.)

두 번째는 일어난 현상의 실체를 이해하는 것이다.(화장실에서는 휴지만 사용하지만, 똑같은 배설물을 화장실 밖에서 마주하게 되면 비누를 찾게 된다.)

세 번째는 실체와 현상의 차이에 대해서 생각하는 것이다. (어떤 이유에서인지 화장실 안에서는 덜 위생적이어도 되며 덜 위생적인 기준을 적용한다.)

Conversation

Tactics

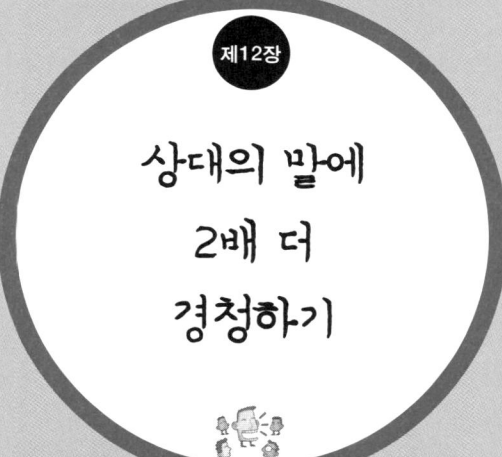

제12장

상대의 말에
2배 더
경청하기

이미 알고 있겠지만 대화의 황금법칙은 사람들이 자신에 대해 말하도록 유도하는 것이다.

사람들은 보통 자신에 대해 말하는 것을 좋아하기 때문에 이것은 무엇보다도 확실한 조언이 될 수 있다.
이는 또한 당신이 말을 하는 대신 다른 사람이 실질적으로 모든 말을 하도록 자극을 주는 것이어서 힘도 조금 밖에 들지 않는 방법이다.
제대로만 된다면 고개를 끄덕이는 것만으로도 훌륭한 대화를 이끌어낼 수 있다.

그러나 한쪽으로만 흐르는 대화를 나누고 싶지는 않을 것이지 않은가?
다른 사람의 일상에 관심이 많고 자신에 대해서 이야기하는 것에는 전혀 관심이 없는가?

사람들이 스스로에 대해 이야기하도록 이끄는 것은 매우 유용한 테크닉이지만 당신과 이미 친한 사람들에게는 효과가 없다.

만약 한쪽에서 자신에 대한 이야기로 대화를 지속적으로 이끌어가고 상대방에게 말할 기회조차 주지 않는다면 그런 대화에는 끼고 싶지 않을 것 같다.

자신의 목소리와 사랑에 빠지기는 쉽다.
자신에게 빠져 있는 사람들은 당신과 쉽게 친해지지만 매번 이런 식의 대화를 나누는 것은 고역이다.

이 문제의 해결을 위해 수학의 비례를 이용해 보려한다.

수학적으로 말해 보자면 2:1의 비율을 유지해서 이 문제를 해결할 수 있다.
2만큼 질문을 하고 1만큼의 감탄을 대화에 접목하면 되는 것이다.

이 말을 다시 풀어보자.

대화는 쪼개보면 질문과 응답으로 이루어진다.
누군가 질문을 하면 당신은 대답을 하거나 다시 질문을 하게 된다.

당신이 한 마지막 대화를 생각해 보면 대화의 대부분을 이루는 기본 두 요소가 질문과 응답임을 알게 될 것이다.

2:1의 법칙을 따르면 다른 사람들이 자신이 좋아하는 화제에 대해 이야기할 수 있게 허용해 주면서, 당신이 토크쇼의 초대자처럼 행동하지 않고도 균형 있게 대화를 이끌어갈 수 있게 될 것이다.

사람들은 스스로를 흥미로운 사람이라고 생각하며 자신들의 삶을 다른 사람과 나누고 싶어 한다.
2:1의 비율은 대화의 쌍방 모두가 자신의 이야기를 나눌 수 있도록 하면서 동시에 대화의 상대가 지속적으로 대화에 참여할 수 있도록 이끌어준다.

당신은 스스로를 재미있는 사람으로 생각하며 자신의 인생을 멋지다고 생각하겠지만, 당신의 대화 상대는 당신의 재미있고 멋진 인생 이야기에 귀를 기울이는 것이 아니다.

2:1의 비율은 당신과 대화 상대방 모두 대화에 참여할 수 있다는 점에서 효과적이다.

예를 들어보겠다.(진한 글씨가 2:1의 비율을 적용하는 당신이다.)

"패트릭, 어제 야구 어땠어?"
"좋았어. 넌 어제 뭐했는데? (질문 1)
"새 구경하러 갔지. 재미있었어."
"좋았겠네. 새 구경하는 계절은 지나지 않았어? (질문 2)
"응. 근데 근처 공원은 기후가 좀 달랐어."
"그렇군. 그러고 보니……. (감탄 1)
"우와! 아이슬란드 대단하네!"
"맞아. 가장 최근에 간 여행지가 어딘데? (질문 1)
"아프리카였어. 거긴 엄청 더웠어."
"사파리 가봤어? 꼭 가봐야 된다던데. (질문 2)
"응, 가봤어. 사자를 엄청 가까이서 봐서 거의 만질 뻔했다니까."
"오, 나도 사자 무지 좋아하는데. 옛날 동물원에 가던 때가 생각나. (감탄 1)

자연스럽고 이상하게 들리는 부분이 전혀 없다.
그러나 이 패턴을 지속하면 당신은 대화의 상대에 초점을 맞추게 된다.

이것이 그들을 대화에 참여하게 만들면서 당신도 지속적으로 대화에 기여해 한쪽으로 대화가 흐르지 않게 도와주는 방법이다.

그들이 자신들에 대해 이야기하지만 당신도 당신의 이야기를 할 수 있게 된다.

만약 2:1의 비율을 지키지 못하고 대화를 혼자서 하게 된다면 대화는 벽에 부딪히게 되며, 상대방은 지루함을 느끼게 될 것이다.

이 법칙의 핵심은 상대가 자신에게 중요한 자신에 관한 이야기를 마음껏 하도록 두는 것이다.

이는 당신이 상호간의 대화를 이끌어 관계를 이어가는 동안 상대가 당신의 곁에서 편안함을 느끼도록 해줄 것이다.

마지막 이점은 대화를 이끌고 나가야 한다는 부담감을 덜어 준다는 것이다.

대화를 하는 동안 순서를 세고 있기는 불가능하기에 2:1의 비율을 엄격하게 지킬 필요는 없지만 이는 어렵지 않게 지킬 수 있다.
    일부러 초를 세고 있을 필요는 없다 그냥 대략 감으로 대화를 이어가면 된다.

    2:1이라는 비율을 정확히 지키는 것이 중요한 것이 아니라 이상적인 대화의 흐름을 이해하는 것이 중요하다.

    대화의 쌍방이 모두 참여하며 자신들의 이야기를 나눈다는 것이 핵심이다.

    이상적인 것은 상대방이 자신의 이야기를 조금 더할 수 있도록 배려하는 것이다.
    이렇게 하면 상대방이 대화를 더 즐기게 될 것이다.

    당신도 당신의 의견을 나눌 기회를 갖도록 하되 더 주목을 받아서는 안 된다.

    상대의 계속되는 이야기에 지루함을 느끼게 된다면 비율을 다시 2:1로 조정하고 그들의 질문에 스토리로 대답을 하자.

만약 2:1의 비율에도 불구하고 상대방이 계속 대화의 중심이 된다면, 이는 아마도 그들이 상대적으로 대화를 즐기고 있다는 좋은 징조일 것이다.

이런 대화를 당신은 계속 이어가고 싶지 않은가?

제13장

절대
먼저
웃지 않기

우리 모두 억지웃음을 지을 때가 있다.

매우 정직하고 꾸며내기를 싫어하는 사람이라 할지라도 일상생활에서 거짓웃음을 짓지 않는 사람은 없다.

우리는 천성적으로 선하다.

우리는 사람들이 우리를 좋아하기를 원하고 대화가 부드럽게 이어지길 원하며 어색한 침묵이 사라지기를 바란다.

무엇보다 우리는 썰렁한 농담을 한 당사자가 스스로 자괴감을 느끼게 만들고 싶어 하지 않는다.

그래서 그때 우리는 안쓰러워하며 웃어준다.

거짓웃음은 많은 대화를 어색함에서 구해 준다.

거짓웃음은 어떤 반응을 보여야 할지 당황스러울 때 할 일을 주며 어색한 침묵의 공간을 채워준다.

대화가 계속 이어지도록 도와주며 아무리 지루할지라도 대화에 참여하는 듯한 겉 인상을 준다.

겉 인상이 종종 문제가 되기도 한다.

회사의 책임자와 이야기할 때 당신은 그들이 당신에게 호감을 갖게 되길 바라는 마음에 최대한 그럴싸한 거짓웃음을 지어내게 된다.

때로는 스스로 바보 같다는 생각을 하지 않기 위해 다른 사람들의 거짓웃음에 의지하기도 한다.

우리는 사람들의 농담에 웃는다. 웃음은 우리 일상 대화 중 일부이지만 그렇다고 우리가 웃음을 좋아하는 것은 아니다.
더 많이 웃을수록 더 많이 피곤하며 덜 유쾌해지기도 한다.
물론 거짓웃음을 이끌어내고 싶은 사람은 없다.
그렇다면 이를 피할 방법은 무엇인가?

먼저 웃지 말고, 항상 두 번째로 웃도록 하라

사람들이 거짓웃음을 짓고 당신과 대화하기를 피곤해하게 되는 주된 원인은 당신이 스스로의 농담에 박장대소하며 만족스러워할 때다.
별로 웃기지도 않은 농담을 한 후 상대의 반응에는 신경 쓰지 않을 때이다.

모니카는 썰렁한 농담을 하고 난 후 웃는다.
당신은 그녀가 원하는 가짜웃음을 보여준 후 대화가 이어질 수 있도록 하지 않겠는가?

얼굴에 미소를 띠고 폐에서 공기를 뱉어내지만 별것 아닐 것이다.
그러면 모니카는 다시 반복한다. 계속 같은 패턴이 이어진다.
당신의 얼굴 근육은 거짓표정에 아파오기 시작한다.

당신이 상대방의 반응을 살피지 않고 자신이 한 농담에 스스로 우스워한다면 당신의 대화 상대자에게 일어날 반응이 바로 이것이다.

먼저 웃게 되면 당신의 감정을 상대방에게 강요하게 되고 결국 그들에게 어떤 감정을 느끼라고 명령하는 것과 같다.

마치 정치에 대해 이야기를 하고 당신이 그들의 투표권에 영향을 미치고 싶어 하는 행동과 같다.
최악은 당신이 상대방의 의견을 귀담아 듣지 않기 때문에, 이 대화는 당신이 스스로 웃긴다고 우기는 유머를 선보이는 쇼로 변질된다는 것이다.

이런 대화를 즐기는 사람은 없다.

사람들이 파티에서 피하고 싶어 하는 요주의 인물은 사람들이 자신의 농담을 더 이상 듣고 싶어 하지 않고 다른 것에 대해 이야기하고 싶어 한다는 것을 알아차리지 못하는 사람이다.

당신이 항상 먼저 농담에 먼저 웃는 사람이라면 눈치가 없는 사람이 되기 쉽다.
사람들은 자신들이 진짜 무슨 생각을 하고 있는지에 대해 힌트를 주고는 한다.
예를 들어 상대가 팔짱을 끼고 비스듬히 기대어 서서 당신 뒤로 보이는 방 안을 눈으로 둘러보고 있다면 당신이 하는 말에 그가 관심이 없다는 신호인 것이다.

만약 당신이 먼저 반응을 보여 그들이 어떤 반응도 보이지 못하게 한다면 그들이 보내는 신호를 어떻게 읽을 것인가?
고개를 젖혀 웃느라 상대가 살짝 뒤로 물러서고 있다는 것을 알아차리지도 못할지 모른다.

자신의 농담에 먼저 웃는다면 자신이 재미있는 사람인지 아닌지를 제대로 평가내리기 어렵게 된다.

당신의 행동에 영향을 받지 않은 다른 사람들의 순수한 반응을 받아보지 않고는 당신은 당신이 만들어낸 웃음 안에서 혼자 만족할 뿐인 것이다.

스스로를 과대평가 하는 결과를 초래하게 된다.

당신도 스스로의 웃음소리에 취해 자신은 매우 재미있는 사람이라고 평가하는 친구를 많이 보았을 것이다.

다른 사람들도 당신과 함께 웃을지 모른다.

그러나 그렇다고 해서 그들이 당신을 재미있는 사람이라고 생각하는 것은 아니다.

먼저 웃는 행위는 보통 불안감에서 출발한다.

썰렁한 농담 뒤에 찾아오는 침묵으로 인해 대화가 실패로 돌아갈지 모른다는 불안감에서 나오는 행동인 것이다.

원하는 반응을 이끌어내지 못하는 것은 부끄럽고 당황스러운 일이기에 상대의 감정을 이끌어내고자 하는 것은 당연한 일이다.

부끄럽거나 긴장감을 느낄 때 초조한 웃음을 누구나 지어보았을 것이다.

이 법칙도 다른 법칙과 마찬가지로 엄격하게 지켜져야 하는 것은 아니다.

이 법칙의 근본 핵심은 다른 사람의 생각을 파악하고 그들의 말을 듣는 게 중요하다는 것이다.

스스로 먼저 웃어서 다른 사람의 억지웃음을 유발하는 것이 대화를 방해할 수 있다는 사실을 깨달았다면 그것이 바로 변화의 시작인 것이다.

Conversation Tactics

제14장

주제를 벗어난 인신공격 삼가하기

논쟁은 가장 친한 친구나 중요한 사람과도 피해갈 수 없다. 오히려 이들과 더 자주 논쟁을 하게 된다.

그러나 효율적이며 효과적으로 논쟁을 해결해 나갈수록 그 상대방과의 관계는 더 오래 지속된다는 연구결과가 있다.

세련되고 효과적으로 갈등을 해결하는 방법은 이 책의 주제가 아니다.
그러나 한 가지 지켜야 할 황금법칙은 인신공격을 해서는 안 된다는 것이다.

'에드 하미넴(Ad hominem)'은 다른 사람의 의견에 반대하고 공격한다는 뜻을 지닌 라틴어이다.
문자의 뜻은 '사람에게 혹은 사람에 대항하여'이다.
즉 상대방에 반대하는 발언은 주제와 상관없이 상대에 대한 인신공격인 것이다.

원래 '에드 하미넴'은 상대의 논리를 공격하는 대신 상대의 인격에 대해 공격을 하는 논쟁 전략의 하나이다.
공격을 받은 상대가 자신을 옹호하는 데 급급한 나머지 자신의 논리를 옹호하지 못하게 하는 데에 목적이 있다.
원래의 논점을 흐리는 효과가 있는 것이다.

전형적인 '에드 하미넴'의 논쟁을 예로 들겠다.

"리사. 차에 기름 채우는 거 또 잊었어? 다음엔 제발 잊어버리지 말아줄래?"
"너는? 난 너랑 달리 기름 넣을 돈이나 있지? 넌 직장이랄 것도 없겠지만, 잘 다니고는 있어?"

리사의 응수가 논쟁의 타당성에 대해 언급하고 있지 않다는 것을 알겠는가?
논의의 주제에 대해서는 아예 언급도 하지 않고 있다.
논의를 한 상대방에 대한 인신공격이며 그 상대는 감정적이 되어 처음의 논제를 잊어버리게 된다.

모든 인신공격이 지금의 예와 같이 명백하지는 않다.
대부분의 경우는 섬세해서 발견조차 쉽지가 않다.

에드 하미넴은 논리적 오류이기도 하다. 지저분한 속임수이다.

대화에 끼어들어서는 안 되는 전략인 것이다.

악의적이며 자신의 행동에 책임을 지지 않는 사람들이 흔히 쓰는 방식이다.

사람들은 자신의 잘못을 덮기 위해 자신들이 이런 공격을 쓰고 있다는 사실조차 인지 못할 때가 있다.

인신공격성의 농담도 있다.

이런 종류의 농담에 어떻게 대처해야 하는지에 대해 앞서 언급하였다.

그들의 농담에 동조하고 이를 과장한다면 곧 상대는 이런 식의 농담을 그만두게 될 것이다.

인신공격은 모욕이다.

당신을 깎아내리기 위한 수단이며 사람의 인격에 대한 공격이다.

피해야 할 인신공격의 몇 가지 예를 들어 주겠다.

잘난 척하기

다른 사람보다 더 지적이고 사회적 지위가 높고 능력이 있다는 사실을 상대가 느끼게 하는 행동이다

"네가 이해할지 모르겠지만, 알려줄게."

상대가 너무 멍청하고 무식해서 당신이 하는 말을 이해하지 못할 것이라고 말하는 것과 다름이 없다.

"너라도 이해할 수 있을 거야."

'너라도' 라는 표현이 당신이 더 우위에 서 있다는 전제 하에 쓰는 표현이다.
상대를 지나치게 얕잡아 보는 표현인 것이다.
바보조차 이해할 수 있는 아이디어이니 상대도 바보지만 이해할 수는 있을 것이라고 말하는 것과 같다.

"나도 예전엔 그렇게 생각했어."

당신도 예전엔 그들과 같이 생각했지만 이제는 아니라고 말하는 것이다.

이제 더 이상 당신은 그들처럼 멍청하지 않다고 말하는 것이다.

희망에서 나온 생각

이것은 상대방의 사고 과정을 비하하는 발언이다.

이후 당신은 그들이 왜 이런 생각을 하게 되었는지 설명하려 할 것이다.

"어릴 때 학대를 받아서 이렇게 생각하는 거 아냐?"

이는 상대를 무시하는 모욕적인 발언이다.

당신은 상대가 잘못되었다고 지적하며 심리적으로 문제가 있는 그 행동을 설명할 수 있는 변명거리가 있을 거라 추정하는 것이다

대화 죽이기

당신이 인신공격적인 발언을 하면 사람들은 감정적으로 반응을 보일 것이다.
그들은 당신을 몰아세우며 방어적으로 될 것이다.

그들은 더 이상 당신이 그들과 편하게 지내기 위해 노력한다고 느끼지 않을 것이고 마음을 열어 정보를 나누는 대화를 하지 않을 것이다.

감정이 들어가면 불필요한 장면이 연출된다.

인신공격성 발언을 피하라

인신공격성 발언은 의도가 없다 하더라도 대화의 악의 축이 된다. 이는 피하는 것이 상책이다.
지속적으로 불을 내지 않도록 애초에 불씨를 제거하는 것이 좋다.

인신공격적인 발언이 드러나지 않도록 불씨를 제거하는 방법은 무엇일까?

당신과 상대가 하는 발언에 감정을 배제해야 한다.

상대가 하는 말을 사적으로 받아들이지 말 것이며, 그 안에 내포되어 있는 객관적인 사실을 보도록 해야 한다.
물론 실제로 이렇게 하는 것이 쉽지는 않을 것이다.

당신이 가장 좋아하는 셔츠를 예로 들어보자.
누군가가 그 셔츠를 만들었다.
즉 그 셔츠는 당신의 것이 아니라 누군가의 창의적 노력의 결과인 것이다.
핵심을 다시 말하자면 이것은 당신의 것이 아니다.

만약 누군가 당신의 셔츠를 비난한다면 당신은 그 셔츠가 당신 것이라는 생각에서 벗어나지 못한다. 그 셔츠가 당신을 정의한다는 생각에서 벗어나기 어려울 것이다.
당신의 셔츠를 비난한 사람에게 복수하거나 방어적이 되려 할 것이다.

그러나 논리적으로 당신은 그 셔츠를 입기로 결정했을 뿐 그 셔츠와는 아무 관련도 없다.
게다가 셔츠에 대해 비판하는 상대는 그럴 자격을 갖춘 사람인가?
마지막으로 셔츠는 사람마다 취향이 있는 것이고 각자의 취향은 존중되어야 한다.

만약 당신이 인신공격성 발언을 피하고 이에 영향을 받지 않으려면 그들이 하는 발언에 감정적 거리를 유지해야 한다.

항상 기억해야 한다.
당신은 누구에게 어떤 것도 증명할 필요가 없다.
당신은 당신의 지적능력이나 패션 감각을 증명할 이유가 없다.

대화를 통해 당신이 증명해야 하는 것은 당신이 얼마나 매력적이며 편한 대화 상대인가 하는 것뿐이다.
당신이 말하는 모든 것이 올바른 것이어야 한다는 강박관념에 사로잡히면 당신은 스스로의 의견에 감정적이 되어 누군가의 인신공격에 취약해지게 된다는 사실을 항상 기억해야 한다.

중요한 것은 사람들이 당신을 신뢰하는 것이다.
당신 주변에 긍정적인 환경을 만드는 것이 중요하다.

이는 당신이 피력하는 의견과 감정적으로 안정적 거리를 유지하는 데 도움을 줄 것이다.
당신이 객관적인 관점으로 의견을 받아들이고 사적인 감정을 배제할 수 있도록 도와줄 것이다.

다른 사람과의 관계에는 언제나 갈등의 요인이 있다. 피할 수 없는 사실이다.
우리는 모두 서로 다른 경험과 배경을 갖고 있기 때문이다.

100퍼센트 누군가에게 동의한다는 것은 불가능하지만 이런 차이를 논의할 건전한 방법은 있다.
인신공격을 최소로 줄이는 것은 건전한 논의를 위한 첫걸음이다.

만약 당신의 예산 책정을 잘하지 못한다는 이유로 누군가에게 계속 비난을 퍼붓는 데 시간을 다 써버린다면 이민에 대한 논의가 생산적이 될 수 있겠는가?

Conversation

Tactics

제15장

논쟁 전략 ①
완벽함에
호소하라

이 책을 방어하고 설득할 시간이 왔다.

모든 대화가 잠정적으로 논쟁이 될 수 있기에 스스로를 방어하고 주장하는 방법을 아는 것은 중요하다.

만약 자신을 방어해야 하는 상황에도 준비가 되어 있지 않다면 논쟁에서 상대에 의해 쉽게 불리하게 몰리게 될 것이다.
이런 상황이 지속된다면 사람들은 당신을 더 이상 존중하지 않게 될 것이다.

논쟁을 철저하게 검증해 보면 논리적 오류와 속임수에 근거하는 논쟁이 많다는 것을 알게 된다.

논리적 오류는 절대로 논쟁의 핵심에 대해 다루지 않는다.
논리오류에 의지하는 사람은 논의를 하는 것이 아니다.
그들은 논쟁에서 승리한 것처럼 보이게 하는 속임수를 이용하여 자신들의 논리와 지식의 부재를 숨긴다.

이런 이유로 논리적 오류와 속임수를 찾아내고 이에 적절하게 대처하는 것은 무엇보다 중요하다.

완벽함에 호소하는 것

사람들이 쓰는 논쟁의 속임수 중 가장 흔한 것이 완벽함에 호소하는 것이다.

완벽한 해결책이 아니라는 이유로 당신의 의견에 반대하는 것이 바로 이런 것이다.

이들은 중재의 해결책이 존재한다는 사실 자체를 부정한다. 완벽하지는 않지만 합리적인 해결책이 있다는 것을 무시하는 것이다.

완벽하고 유일한 해결책만을 고수한다면 당신의 제안이 결함이 있는 것으로 보일 것이다.

하지만 사실상 당신의 제안이 더 현실적인 것이다.

완벽함에 호소하는 것은 논의 자체를 합당하지 않은 비논리적인 것으로 만들어버리는 것이다.

예를 들어 보겠다.

"총기 소지가 왜 금지되어야 해? 범죄자들은 정부의 감시를 벗어나 불법적으로 총을 소유할 방법을 찾아낼 텐데."

이 사람은 논점의 프레임을 다시 설정하여 흑백논리로 만들었다.

총기 소유를 금지하는 것 이외에 다른 대안이 있는가?

물론 있다.

그러나 이 사람은 두 개의 대안만이 존재한다는 것을 전제로 이 문제를 논의한다.

다른 단순한 예를 들어보겠다.

"내가 왜 샤워를 해야 해? 어차피 하루 이틀 지나면 또 해야 하는걸."

이 또한 한 번에 샤워가 당신을 완벽하게 영원히 깨끗하게 만들어줄 거라는 전제로 완벽함에 호소하는 것이다. 샤워의 다른 장점에 대한 고려가 없다.

완벽하게 위생적이거나 완벽하게 더러운 것 외에 다른 대안이 있음을 간과한 것이다…….

만약 이런 종류의 사고를 통해 논리적 결론을 도출한다면 매우 우스운 결론에 도달하게 될 것이다.

내일 다시 배가 고파질 것이니 오늘 밥을 먹을 필요가 없다고 주장하게 될지도 모른다.

이런 종류의 전략은 사람들을 짜증나게 하기 십상이다.
왜냐하면 이런 전략을 쓰면 완벽한 형태의 결론에 도달하기 때문이다.
이런 논의를 펼치는 사람들이 이 완벽한 결론에 미치지 못하는 것은 어떤 것도 받아들이지 않을 것이다.
그 사람에게는 어떤 것도 만족스럽지 못할 것이며 당신도 이에 그 사람에게는 아예 당신의 의견을 개진하지조차 않을 것이다.
그는 모든 의견에 반박을 할 것이기 때문이다.

근본적인 논의를 제대로 해보지도 못한 채 모든 의견은 무시될 수 있다는 것은 매우 두려운 일이다.
이런 태도는 어느 한 쪽도 해결책에 가까이 다가설 수 없게 만든다.
상대방은 아예 해결책을 제안하지도 못할 것이고 당신의 생산적인 의견들을 해체하기만 할 것이다.

다른 대안을 제시할 수 없는 사람들이 완벽함에 호소하는 전략을 쓰는 경우가 많다.

그들의 초점은 완벽하게 바른 것에 맞춰져 있고 이론적으로 그들은 항상 완벽함에 호소하기에 옳을 수밖에 없다.

당신의 해결책은 완벽하지 않으며 모든 문제를 해결하지는 못한다.

이에 그들은 원칙적으로는 이런 논쟁에서 항상 이길 수밖에 없다.

그들은 멈춰 있는 시계처럼 하루에 단 두 번 완벽하게 옳을 뿐이다.

제16장

논쟁 전략 ②
의심의
씨앗을 뿌려라

이 전술은 순수하며 세심한 전략이라 다소 교활한 논쟁의 비책이다.

의심의 씨앗을 뿌리라는 것 자체에서 자신의 계획을 성사하기 위해 수년간 뒤에 숨어 기다리는 비밀요원의 이미지가 떠오른다.

이 비밀요원은 사회의 일원으로 융화되어 있을 수도 있기에 이 전략을 알아채기는 쉽지 않다.

이런 사람은 당신 논점의 큰 장점은 무시한 채 아주 작은 약점과 불확실함을 찾아내어 당신을 무장해제 시킬 순진한 질문들을 던진다.

그들은 당신이 제시한 해결책에 대해 스스로 갖고 있는 확신에 상처를 남길 것이다.

그들은 당신의 논점의 작은 한 부분에 의심의 씨앗을 뿌린다. 그 의심이 논점의 핵심과 아무런 상관이 없다는 사실에조차 신경을 쓰지 않는다.

처음에는 다른 논쟁보다 타당할 수도 있으나 전체 논의에 영향을 미치지 못하는 아주 작은 부분에 집중하여 공격한다.

어떤 경우 이들은 의심을 갖게 하기 위해 이 작은 허점을 일부러 꾸며내기도 한다.

아주 사소한 것에 의심의 씨앗을 뿌려 큰 논의가 실패로 돌아간 예가 있다.

원자력 발전소를 세우기 위해 위원이 구성되었으나 그들은 의심의 씨앗으로 시작된 작은 논쟁을 극복하지 못하여 결국 발전소를 짓지 못하고 해산되었다.

원자력 발전소를 세우는 일이 무산된 원인은 원자로 옆에 세울 자전거 거치대의 디자인에 서로 합의를 보지 못했기 때문이었다.

숲을 보지 못하고 나무만 본 무능력한 사람들의 실체를 보여준 예이다.

의심의 씨앗을 품게 되면 사람들은 이와 같은 행동을 할 것이다.

자전거 거치대가 원자력 발전소의 디자인 설계에 전혀 영향을 주지 않는 것임에도 불구하고 이 논의를 반드시 끝내야 한다고 주장하며 큰 의제를 그르치는 것이다.

의심을 하는 사람들은 당신의 논점을 이해하지 못하는 사람들이다.

논점이나 논리의 문제가 아니라 경쟁에서 이기기만을 바라기 때문이다.

그들은 자신이 처음 우연히 발견한 작은 문제점 하나를 붙잡고 늘어져 당신의 논점 전체를 흐리려 할 뿐이다.

예를 들어 당신이 보통 버스보다는 다소 시끄러운 노면전차에 기초한 새로운 대중교통 시스템을 제안하려고 한다고 가정해 보자.

당신의 논점에 반대하는 이런 종류의 사람은 버스보다 노면전차가 갖는 장점을 보여주는 통계자료나 남미나 유럽에서 이 시스템이 성공적으로 실행되었다는 사실에는 신경을 쓰지 않는다.

그들은 이런 통계자료나 사실에는 관심이 없다.

그들이 생각하는 것은 당신이 그들이 원하지 않는 제안을 한다는 것뿐이다.

그들은 그 사실 이외의 것에는 신경을 쓰지 않고 당신의 의견에 반대하는 것에 급급하다.

그들의 주장은 무엇인가?

"보기에 안 좋아요. 너무 시끄러워 주변이 소란스러워질 거예요."

즉 이들은 실질적인 해결책을 제안하는 데는 관심이 없다.
당신의 제안에 드러나는 그럴싸해 보이는 논리적 약점만을 찾을 뿐이다.
그들은 당신이 스스로의 제안을 의심하도록 만들려고 할 것이다.

누군가가 당신에게 의심의 씨앗을 심어주려 한다면 그들의 의심을 의심하여야 한다.
그들에게 더 구체적으로 말해 보라고 요구하자.
당신이 왜 그런 제안을 하게 되었는지 그 과정을 그들이 알 수 있도록 설명해야 한다.
왜 당신의 제안에 그것이 큰 문제가 되는 것인지 질문하자.
그들이 순진하게 의심의 씨앗을 심어놓은 것처럼 당신도 순수하게 그들의 의견에 질문하는 것이다.

의심하는 이유에 대해 물어본다면 그들은 스스로를 방어하려 할 것이다.

그들은 불필요한 그들의 논점을 정당화시켜야 하며 동시에 지적으로 보이고자 노력할 것이다.

영리한 척 근거가 없는 논점을 정당화시키려고 노력하는 사람을 지켜보는 것만큼 재미있는 일도 없다.

당신의 논점이 사실에 근거하고 있으며 그 사실에 논리가 적용될 수 있다면 그들의 의심을 지적하고 이를 설명하도록 하는 것은 논쟁 승리의 전략이 될 것이다.

십중팔구 이들은 할 말을 잃을 것이다.

의심의 씨앗을 심는 것은 당신을 넘어뜨리기 위한 것이다.

걸려 넘어지기보다는 그들의 근거 없는 논점의 허점에 대해 지적해야 한다.

그들이 지푸라기라도 잡으려 애쓰는 모습을 볼 수 있을 것이다.

제17장

논쟁 전략 ③
질문을
명확하게 하라

가끔 당신과 논쟁하는 것이 목적인 사람을 만나게 되는 경우가 있다.

그들이 이런 행동을 하는데 특별한 이유가 있는 것은 아니다.

당신이 무슨 말을 하든지 그들은 신랄하게 응수할 것이다.

그들이 당신의 의견에 흠집을 내는 것을 피할 방법은 없다.

이런 사람을 만나게 된다면 명확한 질문을 해서 그들을 압도시키는 것이 가장 좋은 방어책이다.

누군가가 당신이 한 말에 반박을 한다면 근거 없는 주장일 경우가 많다.

"캐나다에 대해 네가 말한 거 좀 이상한 거 같아."

누군가가 근거 없는 주장을 하면 종종 이것은 사실처럼 받아들여진다.

만약 이것이 사실이라면 그 근거는 무엇인가?

바로 여기가 명확한 질문을 해야 하는 지점이다.

그들이 사실이라고 주장을 하는 것이므로 자신들의 주장이 옳다는 것을 증명할 의무가 있다. 그들이 맞는다고 생각하는 명확한 이유와 그 증거를 밝혀야 한다.

당신에게 반박하는 그들의 생각을 명확하게 밝히도록 종용해야 한다.

왜 그들은 자신들이 맞고 당신은 틀렸다고 생각하는 것인가?

"왜 잘못된 건지 말해 줄래?"
"어디서 읽었어?"
"언제 그 연구가 발표됐는데?"
"그 작가 확실한 거야?"
"그게 왜 내가 말한 거에 상충된다고 생각해?"
"어느 부분에 그런 말이 나와? 뭐라고 나왔는데?"
"왜 내가 틀린 거야?"
"내 논리에 오류가 뭐야?"

제대로만 질문한다면 당신은 상대가 할 말을 잃어버리게 만들 것이며 그들의 무지를 인정하게 할 것이다.

"글쎄, 기억이 제대로 안 나."
"그 말이 아니라……."
"그래 그게 맞아."

대부분의 사람들은 다른 사람을 판단할 때 우쭐대는 표정을 짓는다.

또한 부정확하고, 옳지 않은 과장되고 무식한 언사를 무분별하게 내지르곤 한다.

물론 그들도 그렇게 행동할 자유가 있겠지만 당신도 명확한 질문을 던져 그들이 자신들의 의견을 증명하도록 만들어야 한다.

그들의 우쭐대는 얼굴은 금세 사라지게 될 것이다.

그들은 당신의 주장이 틀리다고 말한다.

그들이 왜 당신의 주장을 틀리다고 생각하는지 자세하게 증거를 대며 설명하도록 만들어야 한다.

당신의 칼날은 적을 겨냥하고 있기는 하지만 직접적으로 다투는 것은 아니다.

무엇보다도 천진하게 질문한다면 당신은 그들의 의견을 진심으로 궁금해 하는 것일 뿐인 것이다.

그들이 자신의 반대의견을 합리화시키도록 만들자.

그러면 당신은 이에 차근차근 반박할 수 있을 것이다.

당신의 주장을 명확하게 설명할 기회가 생기는 것이므로 이는 오히려 당신에게 이득이 될 것이다.

논쟁이 나쁜 것은 아니다.

제대로만 논쟁이 이루어진다면 당신이 지적이라는 것과 지적인 관계를 맺을 수 있는 상대라는 것을 사람들이 기억하게 될 것이다.

당신의 주장이 도전받을 때 당신은 스스로를 성숙한 방식으로 증명하게 될 기회를 얻게 되는 것이다. 홀로 모든 것을 증명할 필요가 없다는 사실을 깨닫지 못한다면 그 기회를 놓치게 될 것이다.

사람들이 정당한 이유나 증거 없이 당신을 공격한다면 그들은 감정적으로 행동하는 것이다.

생각이 짧은 사람들이 감정을 넣어 이야기하는 경우가 많다.

그들은 자신들의 불행과 불만족을 먼저 불평한 후 이를 정당화하려고 한다.

그들은 그 이유를 잘 설명하지 못한다.

그들은 그냥 그렇게 느낄 뿐이며 이는 누구에게도 설명되지 못한다.

당신은 논리적인 설명을 할 것이며 이는 당신을 지적이며 성숙하게 보이게 만들어줄 것이다.

명확한 질문을 할 기회를 이용해야 한다.

반박을 지지할 증거가 충분하지 않은 사람들은 결국 망신을 당하게 될 것이다.

제18장

논쟁 전략 ④
허수아비 논법을
깨뜨려라

이 전략은 당신이 이미 사용하고 있는 익숙한 전략일지도 모른다.

허수아비는 논점을 단순화시키고 단순화시킨 논점을 극단의 논점으로 바꿔놓은 뒤, 극단의 논점에서 허점을 찾아 공격한다.
이런 논법을 허수아비 논법이라고 한다.

따라서 상대방이 내어놓은 실질적인 주장을 공격하는 것이 아니라 겉으로만 비슷해 보이는 허깨비를 공격하는 것이 된다.
상대의 주장 자체를 잘못 이해하는 것이므로 논쟁 자체를 불가능하게 만든다.

예를 들어보자.

"나는 우리나라에서 총기 소지를 금지시켜야 한다고 생각해."
"그러면 너는 칼도 없애고 호신술 교육도 없애고 스스로를 방어할 수 있는 모든 방법을 없애고 싶다는 거야? 그렇게 되면 상황은 더 나빠질 뿐이야."

응답자는 처음 발화자의 말을 완전히 비꼬아 논지와 전혀 상관없는 주장을 펴고 있는 것이다. 이것이 허수아비의 본 모습이다.
또 다른 논점과 적이 생겨났지만 실질이 없는 허상이다.
즉 짚으로 만든 허수아비인 것이다. 실제가 아니며 만들어진 것이고 쉽게 사라질 허상인 것이다.

응답자가 이런 주장을 하는 이유는 이중적이다.
상대의 실질적 주장을 이해하지 못했기 때문에 이를 반박할 근거가 없는 것이다.
이런 사실을 자신도 깨닫고 있기에 그는 자신이 쉽게 반박할 수 있는 주장을 만들어내고, 처음에 논지를 주장한 상대가 두 주장의 차이를 알아채지 못하기를 희망한다.
허수아비는 다른 사람이 한 말을 제멋대로 꾸며내고 이를 공격하고 비웃는다.

허수아비 논법의 또 다른 예를 들어주겠다.

직접 다른 사람의 주장을 오해하여 만들어내는 대신에 그들의 주장에 첨언을 하는 방법이 있다.

"나는 우리나라에서 총을 금지시키는 것에 찬성해."
"아, 넌 스탈린 같구나. 이제 알았네."

물론 당신은 그들이 스탈린 지지자가 아니며 파시즘이 아니라는 것도 알고 있다.
스탈린과 파시즘은 총기 금지의 주제와 아무런 연결고리가 없다.
그러나 그들은 그 단어들을 당신이 말하도록 하여 당신을 공격하기 쉬운 대상으로 만들고 사람들이 당신을 불신하게 만든다.
당신의 의견은 보통의 사람들이 부정적으로 생각하는 스탈린의 의견과 같은 것으로 왜곡되어 무시를 당하게 된다.
대부분의 사람들은 스탈린과 파시즘을 부정적으로 여긴다.
그러나 사실 이것은 논점이 아니다.

물론 이것은 그들이 하는 감정적인 논쟁일 뿐이며 논리적인 근거도 없다.

매우 허술한 허수아비일 뿐이다.
이를 꿰뚫어 실체가 드러나게 하는 것은 당신의 몫이다.

다행히 허수아비 논법은 쉽게 구분이 되며 공격하기도 쉽다.

만약 어떤 논쟁이 허수아비 논쟁인지 아닌지 확실하게 모르겠다면 스스로에게 다음의 질문들을 해보자.
내가 주장하는 것의 요점이 뭐지?
허수아비가 말하는 것이 나의 결론과 같은가?

그렇지 않을 것이다.
논의가 작위적으로 조작되어 당신의 주장으로 둔갑되었다는 것을 명백히 알 수 있을 것이다.
그들이 당신과 정당하게 논쟁을 펼칠 수 없기 때문에 허수아비 논점에 의존하고 있다는 사실을 알려야 한다.

허수아비 논쟁이 흔하게 자행된다는 것은 두려운 일이다.
페이스북에 들어가면 이런 식의 논쟁을 흔하게 볼 수 있을 것이다.

기억해야 한다.

허수아비 논법을 사용하는 사람의 유일한 목적은 당신을 약하게 보이게 하는 것이다.

그들은 당신을 무자비하게 패배시키기 위해 의도적으로 거짓을 말하고 당신의 주장을 잘못 전달하고 있다.

그들은 당신의 주장에 대한 의견을 말하고 있는 것이 아니라 당신에게 반대하고 있는 것이다.

공격받는 것을 두려워하지 말고 맞서도록 하자.

〔결론〕

　수년간 나는 카일이 성가셔서 친구들과 나가서 노는 것조차 꺼려졌었다.
　전쟁을 위해 준비를 할 수는 있으나, 당신이 전쟁을 위해 많은 준비를 했다고 하여 전쟁을 학수고대한다고 말할 수는 없다.

　그러나 카일과 같은 사람을 다루는 법을 알게 된다는 것은 상당히 유용했다.
　우리는 카일과 같은 이런 친구들과 관계를 맺으며 살아오긴 했지만, 그렇다고 이런 관계를 맺는 것이 우리에게 강제되었던 것은 아니다.

그러나 만약 상사나 동료 혹은 시어머님이 카일과 같은 사람이라면 어떠할까?

참을 수 없는 사람과 어떻게 어울리며 친구로 지낼 수 있을까?

어떻게 상황을 해결하고 스스로를 방어하는 사람이라면 마땅히 받아야 할 존중을 받을 것인가?

세세하게 신경 써야 할 일이 많지만 내가 이 책에서 적어도 몇 가지는 알려주었기를 바란다.

당시에 카일과 나는 친한 친구가 아니었다고 말하는 것은 아니지만 이것은 중요한 문제가 아니다.

이전에 나는 타이타늄으로 만들어진 굳게 닫힌 문을 매일 그냥 쳐다볼 뿐이었다. 그 문을 통과할 방법이 내게는 없었다.

대화 전술은 굳게 잠긴 문을 열어 친구를 만들고 관계를 맺기 위해 내가 찾던 열쇠였다.

기회가 주어진다면 그것으로 충분하다.

톰 행크스(혹은 당신의 좋아하는 다른 배우)조차 비난하는 사람이 있기 마련이다. 그냥 최선을 위해 노력할 기회면 충분한 것이다.

진심을 담아
패트릭 킹 (사교기술 전문가)

〔요약〕

제1장. 칭찬을 세련되게 받는 방법

대부분의 사람들은 직접적인 칭찬을 잘 받아들이지 못하며 불편해한다.

칭찬을 받는 가장 좋은 방법은 칭찬에 대해 칭찬을 하거나 찬사를 보낸 이를 칭찬하는 것이다.

제2장. 대화의 정점을 이용하라

모든 대화에는 가장 재미있는 순간이 있다.

그 순간을 기록하고 현재의 대화 주제에 이를 접목시켜 대화를 흥미롭게 이끌어 웃음을 만들어내어 위트 있고 영리한 사람이 되어야 한다.

제3장. 대화에 자연스럽게 끼어드는 방법

대화에 기술적으로 끼어든다면 사람들이 당신을 더 가깝게 느끼게 될 것이고 그들과 더욱 돈독한 관계를 맺을 수 있다.

제4장. 듣는 사람의 언어로 말하기

상대가 어떤 배경을 갖고 있는지 알아내어 그의 수준에 맞추어 대화해야 한다.

그의 언어로 이야기하고 그가 편하게 느끼는 지점을 찾아 익숙하고 그와 비슷한 타입의 사람으로 당신을 인지하도록 만들자.

제5장. 서로 존중하는 방법

존중을 받을 자격이 누구에게나 있는 것은 아니지만 사람들은 항상 존중받기를 기대한다.

존중하는 가장 좋은 방법은 요청하지 말고 억지로 하는 인상을 주지 않으며 정당한 존중의 이유를 찾는 것이다.

제6장. 2초의 법칙을 지켜라

사람들은 자신들의 말이 경청되어지고 인정받기를 원한다.

당신이 듣고 있다 하여도 당신의 대화 상대방은 당신이 그들이 말을 마치자마자 말을 시작한다면 자신의 말을 당신이 경청한다고 생각하지 않을 것이다.

진실해 보이지 않을 것이니 그들이 말을 마치고 나서 2초를 기다리자.

그러면 그들의 말을 경청하고 인정해 준다는 느낌을 주게 될 것이다.

제7장. 대화를 열어가는 가장 좋은 방법

　대화는 경주와 같고 대화의 기술은 근육과 같다.
　대화를 원활하게 이끌기 위해서는 워밍업이 필요하다.
　가장 좋은 방법은 책에서 한 부분을 꺼내어 감정과 목소리를 과장하며 큰 소리로 읽어보는 것이다.

제8장. 대화의 시작과 끝에 집중하기

　많은 사람들이 대본과 수첩에 의존해서 대화를 해나간다. 이는 대화의 잠재성을 방해 할 뿐 아니라 당신을 딱딱한 사람처럼 보이게 만든다.
　대화의 도입과 끝부분만이 연습이 필요하며 나머지는 약간의 기록만으로도 충분하다.

제9장. 비꼬는 말에 유연하게 대처하는 방법

　누구나 웃음의 대상이 되고는 한다.

대부분의 경우에는 친구를 만드는 데 긍정적으로 작용된다.

당신을 이용하는 농담에 대처하는 방법은, 그 농담을 더 과장해서 다른 농담으로 받아치는 것이다.

제10장. 상대의 개성을 칭찬하기

누구나 잘 보이지는 않아도 자신이 특별한 사람이라고 생각한다.

누군가의 감성의 독특한 특징을 당신이 알아봐 준다면 그들은 당신을 즉시 좋아하게 될 것이고 당신을 관찰력이 좋은 예리한 사람이라고 생각할 것이다.

제11장. 일상을 살짝 비틀어 만드는 유머

일상적인 현상을 자세히 관찰하여 다른 렌즈로 살펴본다면 그곳에서 유머를 발견할 것이다.

제12장. 상대의 말에 2배 더 경청하기

    지속적으로 상대방이 자신에 대해 이야기하도록 한다는 것은 힘들고 지루하다.
    대화의 쌍방이 모두 적절하게 참여하게 만들기 위해서는 질문을 2만큼 하고 당신의 이야기를 1만큼 하면 된다.

제13장. 절대 먼저 웃지 않기

    많은 사람들이 얼마나 폐해가 큰지 깨닫지 못한 채 자신의 농담에 스스로 웃는다.
    먼저 웃지 않고 상대가 당신의 농담을 어떻게 받아들이는지 관찰한다면 당신은 스스로에 대해 더 잘 알게 되고 유머감각 또한 얻게 될 것이다.

제14장. 주제를 벗어난 인신공격 삼가하기

    인신공격은 주제와 관계없이 사람에 대해 하는 공격이다.

어떤 사람이 인신공격을 하는 이유는 논쟁에서 지식이 부족함을 감추기 위해 상대의 주의를 돌리는 것이고 상대가 감정적으로 대응하게 하여 그를 교란시키기 위한 것이다.

제15장. 논쟁 전략 ① : 완벽함에 호소하라

완벽함에 호소하는 것은 기술적이지만 의미 없는 승리를 가져다줄 뿐이다.
모든 문제를 완벽하게 해결해 주지 못하기 때문에 어떤 해결책이나 주장이 타당하지 않다는 무의미한 결론이 도출될 뿐이다.

제16장. 논쟁 전략 ② : 의심의 씨앗을 뿌려라

의심의 씨앗을 심는 것은 순진해 보일 수 있는 대화전술 같지만 사실은 당신의 지적능력을 깎아내리려는 시도이다.
큰 맥락과 상관없는 사소한 부분을 공략해서 주장 자체를 타당하지 않은 것으로 만드는 것이다.

제17장. 논쟁 전략 ③ : 질문을 명확하게 하라

　명확한 질문을 던지는 것은 다른 사람을 이길 수 있는 논쟁의 전략이다.
　사람들이 당신의 주장에 부정적인 반응을 보인다면 그들이 그런 결론을 낸 이유에 대해 정확하게 질문해야 한다.
　증거가 모든 것을 밝혀줄 것이다.
　그러나 그들은 아마 그 증거를 내놓지 못할 것이다.

제18장. 논쟁 전략 ④ : 허수아비 논법을 깨뜨려라

　허수아비는 만들어진 허상의 거짓된 본질의 논쟁을 일컫는 말이다.
　허수아비는 당신의 주장과 완전히 다른 결론을 도출해내는 전제에서 결론을 만들어낸다. 이로 인해 당신의 주장은 왜곡되게 된다.

상대를 내 편으로 만드는 대화기술

1판 1쇄 발행 ‖ 2020년 11월 10일

지은이 ‖ 패트릭 킹
옮긴이 ‖ 이미정
펴낸이 ‖ 김종호
펴낸곳 ‖ 밀라그로
주　 소 ‖ 경기도 고양시 일산동구 호수로446번길 7-4(백석동)
전　 화 ‖ 031) 907-9702
팩　 스 ‖ 031) 907-9703
E-mail ‖ milagrobook@naver.com
등　 록 ‖ 2016년 1월 20일(제2016-000019호)

ISBN ‖ 979-11-87732-20-4 (03320)

* 책값은 뒤표지에 있습니다.
* 잘못 만들어진 책은 구입하신 곳에서 바꾸어 드립니다.
* 경성라인은 밀라그로의 자회사입니다.